Secretos de Opción Múltiple

Publicado por
Complete Test Preparation Inc.
Victoria BC Canadá

https://www.test-preparation.ca

ISBN:9781772454192

Acerca de Complete Test Preparation Inc.

El equipo Complete Test Preparation lleva publicando materiales de estudio de alta calidad desde 2005. Más de un millón de estudiantes visitan nuestros sitios web cada año, y miles de estudiantes, profesores y padres de todo el mundo (más de 100 países) han adquirido nuestros materiales didácticos, currículos, guías de estudio y exámenes de práctica.

Complete Test Preparation Inc. se compromete a proporcionar a los estudiantes los mejores materiales de estudio y exámenes de práctica disponibles en el mercado. Los miembros de nuestro equipo combinan años de experiencia en la enseñanza, con escritores y editores experimentados, todos con títulos avanzados.

Comentarios

Agradecemos sus comentarios. Envíenos un correo electrónico a feedback@test-preparation.ca con sus comentarios y sugerencias. Revisamos cuidadosamente todas las sugerencias y a menudo las incorporamos a las próximas versiones. Como editorial de impresión bajo demanda, actualizamos nuestros libros con frecuencia.

Encuéntranos en Facebook

www.facebook.com/CompleteTestPreparation

Contenido

Primeros Pasos

Una Mejor Puntuación es Posible

¿Te preocupa ese examen tan importante que se te avecina? ¿Crees que no se te dan bien los exámenes, sobre todo cuando se trata de pruebas estandarizadas? La buena noticia es que no estás solo. La mala noticia es que millones de personas se quedan atrás en las pruebas objetivas simplemente porque no son buenos examinadores - aunque conozcan el material.

Esto es especialmente cierto en el caso de los exámenes tipo test. A los examinandos se les ayuda mucho en las pruebas de redacción. Se les ayuda con habilidades como la gramática y la ortografía. Sin embargo, se ofrece muy poca ayuda para el examen tipo test. Y ello a pesar de que miles de personas consideran que el examen tipo test es el más difícil. Estas son algunas de las razones por las que tanta gente tiene dificultades con los exámenes tipo test:

El amplio abanico. Como las preguntas son tan cortas y rápidas, el examen abarca mucho terreno. ¿Quién va a saber qué estudiar con tanto material cubierto?

Plazos. La mayoría de los exámenes estandarizados tienen límites de tiempo,
lo que añade una capa extra de presión.

Engaños. Muchos diseñadores de exámenes piensan que es demasiado fácil acertar una pregunta de opción múltiple, por lo que hacen que las preguntas sean intencionadamente capciosas.

No se permiten los faroles. Con un examen de redacción, puedes intentar abrirte camino con un farol. No ocurre lo mismo con un examen tipo test. La respuesta es correcta o incorrecta.

Difícil de escribir. No es fácil para un redactor de tests elaborar un buen test de elección múltiple. Por eso, a veces los hacen demasiado difíciles.

Contenido aleatorio. Los exámenes de opción múltiple tienden a presentar las preguntas de forma aleatoria, sin un orden concreto. Puedes responder a una pregunta sobre el siglo XVIII y luego sobre las elecciones presidenciales de 2004.

Estos retos obligan a los estudiantes a familiarizarse con un material más amplio que en otro tipo de exámenes. Tendrán que conocer vocabulario específico, reglas, nombres, fechas, etc.

Sin embargo, los exámenes de opción múltiple tienen algunas ventajas para el examinando. Por ejemplo, como hay más preguntas de opción múltiple en un examen que de otro tipo, cada pregunta suele tener un valor en puntos más bajo. Puedes permitirte fallar algunas y seguir sin problemas. Además, si haces un examen de rellenar espacios en blanco o de redacción, tienes que confiar totalmente en la memoria para obtener la respuesta. En un examen tipo test, sabes que la respuesta correcta está en algún lugar de la pregunta. Sólo tienes que decidir cuál es. A menudo, al ver la respuesta correcta, tu memoria se pone en marcha y la reconoces al instante.

Tenga en cuenta, sin embargo, que el redactor del test sabe que una ventaja de la opción múltiple es que la respuesta está en la página. Esto lleva a muchos redactores de tests a incluir lo que se llama un "distractor". Se trata de una posible respuesta diseñada para parecerse a la correcta, pero que en realidad es incorrecta. Volveremos a hablar de esto más adelante, pero un ejemplo sería la pregunta "¿Quién es conocido por colocar 95 tesis en el muro de una iglesia?". Entre las respuestas podrían estar Martin Luther y Martin Luther King. Como el alumno recuerda vagamente el nombre "Martin Lu- ter" de los materiales del curso, existe la posibilidad de que lea la incorrecta "Martin Luther King".

A quién le va bien en la elección múltiple ¿Exámenes?

Con tantos retos en tu contra en el examen tipo test, ¿cuál es la respuesta? ¿Hay alguna forma de mejorar tus posibilidades y tu puntuación? La hay. El objetivo de este libro no es desanimarte, sino hacerte consciente de que existen estrategias y consejos que puedes incorporar para aumentar tu puntuación en el examen.

Antes de entrar en las estrategias específicas, hagamos un repaso general.
observar quién obtiene mejores resultados en este tipo de pruebas.

Los que conocen el material. No hace falta decirlo, pero lo que más aumentará tu puntuación en el examen será que conozcas el material que se va a tratar. Aunque las estrategias de las que hablaremos más adelante te ayudarán incluso con las preguntas de las que no estés seguro, lo más seguro que puedes hacer es aprenderte las reglas, fechas, nombres y conceptos de los que se te va a examinar.

Los que tienen un comportamiento tranquilo y frío cuando hacen un examen. El pánico puede hacer que olvides la información que crees saber. La confianza te ayudará a sacar mejores notas en los exámenes tipo test.

Los que meditan o rezan antes del examen. No te rías. Es un hecho conocido que las personas que meditan o rezan, dependiendo de sus creencias, entran en una sala de pruebas con más confianza y obtienen mejores resultados en el examen.

Los que se basan en la lógica y no en el instinto. Los que hacen un examen tipo test basándose en el instinto tendrán la tentación de pasar por alto los hechos declarados y dejarse llevar por la emoción.

Los que tienen un sistema. La mayor parte del libro tratará de esto, pero no debes limitarte a adivinar al azar las preguntas que no conoces. Debes tener una estrategia sistemática.

Tipos de Preguntas Tipo Test

E UNQUE SEPAS QUE UN EXAMEN SERÁ TIPO TEST, TODAVÍA NO SABES TODO LO QUE NECESITAS SABER.

Existen varios tipos de preguntas tipo test. Algunos exámenes utilizan sólo uno de estos tipos. Otros utilizarán varios, o incluso todos. Examinemos los distintos tipos de preguntas de opción múltiple que es probable que te encuentres.

1. La pregunta "Quién, qué, dónde". Es la forma más sencilla y básica de pregunta de opción múltiple. Te pide que recuerdes un único dato sencillo sobre el material. Por ejemplo:

¿Dónde pilotaron los hermanos Wright su primer avión?

> a. Richmond, VA
>
> b. Kitty Hawk, NC
>
> c. Charlotte, NC
>
> d. Filadelfia, PA

La respuesta correcta es la B. En esta pregunta sólo se le pide que identifique correctamente un topónimo.

2. Pregunta de respuesta múltiple. Se diferencia de la pregunta "Quién, qué, dónde" en que puede haber más de una respuesta correcta. A menudo aparece así:

¿Cuál de las siguientes no fue una guerra declarada por EE.UU. ¿Congreso?

   I. Primera Guerra Mundial

   II. Segunda Guerra Mundial

   III. La guerra de Corea

   IV. La guerra de Vietnam

     a. Yo sólo

     b. I y II solamente

     c. III solamente

     d. IV solamente

     e. III y IV solamente

La respuesta correcta aquí es E; ni la guerra de Corea ni la de Vietnam fueron declaradas una guerra por el Congreso. Estas preguntas son complicadas porque mucha gente, cuando ve una respuesta correcta, tiene la tentación de elegirla, sin pensar que puede haber otra respuesta que también sea correcta.

3. La pregunta de opción múltiple "mejor respuesta". En este tipo de preguntas, puede que no haya una respuesta objetiva clara, sino que se te pide que elijas la que más se acerque a la correcta o a lo que tú crees que es correcto. Por ejemplo:

El factor que más culpa tuvo en el accidente del transbordador espacial Challenger en 1986 fue:

     a. Se lanzó demasiado temprano por la mañana.

     b. El frío permitió la formación de hielo.

     c. Los astronautas no durmieron lo suficiente.

     d. Los astronautas no recibieron la formación adecuada.

Aunque es muy posible que C o D hayan tenido algo que ver, ahora se cree que la causa fue el hielo acumulado en los anillos "O" del transbordador. Algunas respuestas son posibles, pero la B es la mejor.

4. La pregunta de opción múltiple "rellena el espacio en blanco". Se utiliza con frecuencia tanto en las pruebas de gramática como en las de comprensión lectora. La pregunta se presenta en forma de frase, con una o dos palabras clave omitidas. Debe elegir la correcta para rellenar el espacio en blanco. Ejemplo:

Los animales del zoo _________________ por los visitantes.

> a. No se alimentó
>
> b. No se puede alimentar
>
> c. No debe alimentarse
>
> d. Nunca alimentar

La respuesta es C, ya que "Los animales del zoo no deben ser alimentados por los visitantes" es la única que tiene sentido gramatical.

La mayoría de las preguntas de opción múltiple que te encontrarás pertenecerán a una de las categorías anteriores, aunque es posible que también te encuentres con un extraño híbrido de dos o tres tipos. Durante tu práctica para el examen, debes practicar con cada uno de estos cuatro tipos.

Consejos rápidos de opción múltiple

Antes de examinar en detalle estrategias específicas, veamos algunos consejos generales que puedes utilizar en cualquier examen y en preguntas de opción múltiple de cualquier asignatura. Más adelante analizaremos algunos de ellos con más detalle.

- **Encontrar pistas sin hacer trampas** Pssst. Existe una forma de obtener pistas sobre una pregunta, incluso mientras realizas el examen, y es completamente legal. La clave: Utiliza el propio examen para encontrar pistas sobre la respuesta. A continuación te explicamos cómo hacerlo. Si encuentras una pregunta que no puedes responder, lee las respuestas. Si encuentras una que utiliza el mismo lenguaje que tu profesor o tu libro de texto, e s muy probable que sea la respuesta correcta. Es decir
porque en temas complejos, los profesores y los libros tienden a

utilizar siempre el mismo lenguaje o un lenguaje similar.

Otro punto: Preste atención a las preguntas del examen que se parezcan a preguntas anteriores. A menudo, encontrarás la misma información utilizada en más de una pregunta.

Ocasionalmente, encontrará la respuesta a una pregunta contenida en otra pregunta: esté atento a este tipo de situaciones y utilícelas a su favor.

• **Antes de eliminar las respuestas erróneas, intenta resolver el problema.** Si sabes con certeza que has respondido correctamente a la pregunta, es evidente que no necesitas eliminar las opciones erróneas. Si no puedes r e s o l v e r l o, comprueba cuántas opciones puedes eliminar. Ahora intenta resolverlo de nuevo y comprueba si alguna de las respuestas restantes se acerca a tu respuesta. Tus posibilidades de acertar la respuesta han aumentado drásticamente. La eliminación es una de las estrategias más poderosas, que trataremos con más detalle y practicaremos a continuación.

• **Sáltese la pregunta si no la sabe.** Si simplemente no sabe la respuesta y no sabe cómo obtenerla, marque la pregunta en el margen y vuelva si tiene tiempo.

• **Descarta las respuestas que parezcan tan generales que no ofrezcan mucha información.** Si una respuesta dice, por ejemplo, "Colón llegó a Occidente en primavera", probablemente no sea la respuesta correcta.

• Utiliza "todas las anteriores" y "ninguna de las anteriores" a tu favor. En el caso de "todas las anteriores", no es necesario comprobar que todas las opciones son correctas. Basta con comprobar dos de ellas. Si dos de las respuestas son correctas, probablemente significa que todas son correctas, y puedes seleccionar "todas". (Esto, por supuesto, no siempre es así, especialmente si también hay una opción para "A y B" o "C y D"). Del mismo modo, con las preguntas de "todas las anteriores", sólo tienes que encontrar una respuesta incorrecta, y entonces habrás eliminado dos opciones: una es la respuesta incorrecta, y la otra es Todas las anteriores.

• Déjese guiar por las respuestas "aproximadas". El redactor inteligente de tests suele incluir una respuesta

que es casi la correcta para despistarle. Sin embargo, el examinando inteligente puede

utilizar esto a su favor. Si ve dos opciones extrañamente similares, es muy probable que una de ellas sea la correcta. Eso significa que puedes descartar las otras opciones y, por tanto, mejorar tus posibilidades. Por ejemplo, si dos opciones son George Washington y George Washing- ton Carver, entre Abraham Lincoln y Thomas Edison, hay muchas posibilidades de que uno de los dos Washington sea el correcto. Más información sobre esta estrategia más adelante.

Cuidado con las preguntas trampa

En general, la mayoría de las preguntas son lo que parecen y hay que evitar analizarlas demasiado. Sin embargo, la mayoría de los tests de opción múltiple contienen una o dos preguntas trampa por diversos motivos. Una pregunta capciosa es aquella en la que el redactor del test le hace creer intencionadamente que la respuesta es más fácil de lo que realmente es. Los redactores de exámenes incluyen preguntas trampa porque muchas personas creen que ya dominan las técnicas para realizar un examen y no necesitan estudiar el material.

En muy pocos casos un examen tendrá más de un puñado de preguntas trampa. A menudo, los instructores incluyen preguntas trampa, en las que realmente hay que conocer el material al dedillo para responder correctamente. Esto separa a los estudiantes " A" de

los "B+", y a los estudiantes "A" delos "A+".

La mejor manera de vencer a la pregunta trampa es leer la pregunta detenidamente y descomponerla en partes. A continuación, divídala en palabras sueltas. Por ejemplo, si en una pregunta se pide,

> "Cuando un avión se estrella en la frontera entre Estados Unidos y Canadá, ¿dónde se entierra a los supervivientes?".

Si hubiera examinado cada palabra por separado, se habría dado cuenta de que la última palabra, "supervivientes", significa que el autor de la prueba está hablando de enterrar a personas que aún están vivas.

Antes de cambiar esa respuesta...

Probablemente ya esté familiarizado con el concepto: su primer

instinto suele ser el correcto. Por eso mucha gente, cuando da consejos sobre los exámenes, te dice que, a menos que estés convencido de que tu primer instinto era erróneo, no te arriesgues. En esos casos, hay más gente que cambia una respuesta correcta por una incorrecta que la que cambia una respuesta incorrecta por una correcta.

Cómo manejar esto.

Pero llevemos ese consejo un paso más allá. Quizá no siempre tengas que dejar tu primera respuesta, sobre todo si crees que puede haber una posibilidad razonable de que tu segunda opción fuera la correcta. Antes de cambiar la respuesta, haz unas cuantas preguntas y aclara tus ideas sobre el problema. Cuando hayas hecho unas cuantas más, vuelve a empezar desde el principio. A continuación, comprueba si la respuesta original sigue siendo la que más te llama la atención. Si es así, déjala. Si la segunda respuesta es la que más te llama la atención, cámbiala. Si ambas son iguales en tu mente, entonces déjalo con tu primera corazonada.

Responder Paso a Paso a las Preguntas de Opción Múltiple

HE AQUÍ UNA PREGUNTA DE PRUEBA:

¿Cuál de los siguientes es un consejo útil para realizar un examen tipo test?

a. Responder "B" a todas las preguntas.

b. Elimine todas las respuestas que sepa que no pueden ser ciertas.

c. Elimine todas las respuestas que parezcan ciertas.

d. Engaña a tu vecino.

Si ha respondido B, tiene razón. Incluso si no está seguro de la respuesta, intente eliminar tantas opciones como sea posible. Piénsalo así: Si cada pregunta de tu examen tiene cuatro respuestas posibles, y si adivinas una de esas cuatro respuestas, tienes una posibilidad entre cuatro (25%) de acertarla. Esto significa que deberías acertar una pregunta por cada cuatro que adivines.

Sin embargo, si puede deshacerse de dos respuestas, sus posibilidades mejoran a una de cada dos posibilidades, es decir, al 50%. Eso significa que obtendrá una respuesta correcta por cada dos que adivine.

Hasta aquí un consejo obvio para mejorar tu nota en las pruebas tipo test. Hay muchos otros consejos que puedes haber tenido en cuenta o no, y que darán un empujón a tu nota. Recuerda, sin embargo, que ninguno de estos consejos es infalible. De hecho, algunos redactores de exámenes que conocen estos consejos y deliberadamente escriben preguntas para derrotar a su sistema. Por lo general, sin embargo, te irá mejor en el examen si pones en práctica estos consejos.

Si te familiarizas con estos consejos, aumentarás tus posibilidades y, quién sabe, puede que tengas un golpe de suerte y aumentes tu puntuación en unos cuantos puntos.

Contestar paso a paso.

Puede parecer complicado e innecesario seguir una fórmula para responder a una pregunta de opción múltiple. Sin embargo, después de practicarla durante un tiempo, te resultará natural y no te llevará nada de tiempo. Intenta seguir estos pasos en cada pregunta.

Paso 1. Tapa las respuestas mientras lees la pregunta. Visualiza el material con los ojos de tu mente e intenta imaginar cuál es la respuesta correcta antes de exponer las respuestas en la hoja de respuestas.

Segundo paso. Descubre las respuestas.

Paso 3. Elimina o estima. Tacha todas las opciones que sepas que son ridículas, absurdas o claramente erróneas. A continuación, trabaja con las respuestas que queden.

Paso 4. Cuidado con los distractores. Un distractor es una respuesta que se parece mucho a la correcta, pero que está ahí para confundirte. Si ves dos respuestas muy parecidas, lo más probable es que una de ellas sea la correcta. Por ejemplo, si te preguntan el término para la distancia alrededor de un cuadrado, y dos de las respuestas son "bígaro" y "perímetro", puedes adivinar que una de ellas es probablemente la correcta, ya que las palabras se parecen (ambas empiezan por "peri-"). Adivina una de estas dos y tus posibilidades de acertar seleccionando "perímetro" son del 50/50. Más información a continuación.

Paso 5. Compruébalo. Si ves la respuesta que tenías en mente, pon una ligera marca junto a ella y luego comprueba si alguna de las otras opciones es mejor. Si no es así, marca esa respuesta como tuya.

Paso 6. Si todo lo demás falla, adivina. Si no puedes imaginar la respuesta correcta en tu cabeza, o averiguarla leyendo el pasaje, y si no tienes ni idea de cuál debería ser la respuesta, adivina.

Cuidado con esta estrategia si el examen que estás realizando penaliza las respuestas erróneas. Sólo unos pocos exámenes lo hacen, y si es así, ¡adivinar NO es una estrategia recomendable!

Existe un mito común que dice que la opción "C" tiene estadísticamente más posibilidades de ser correcta. Esto puede ser cierto si tu profesor está haciendo el examen, sin embargo, la mayoría de los exámenes estandarizados hoy en día se generan por ordenador y las opciones son aleatorias. No recomendamos elegir la opción "C" como estrategia.

Esta es una rápida introducción a la opción múltiple para entrar en calor. A continuación pasamos a la sección de estrategias y preguntas de práctica. Se explica cada estrategia de opción múltiple, seguida de preguntas de práctica que utilizan la estrategia. Enfrente de esta página hay una hoja de respuestas.

Opción múltiple   **Estrategia Practique Hoja de respuestas.**

	A	B	C	D	E		A	B	C	D	E
1	○	○	○	○	○	26	○	○	○	○	○
2	○	○	○	○	○	27	○	○	○	○	○
3	○	○	○	○	○	28	○	○	○	○	○
4	○	○	○	○	○	29	○	○	○	○	○
5	○	○	○	○	○	30	○	○	○	○	○
6	○	○	○	○	○	31	○	○	○	○	○
7	○	○	○	○	○	32	○	○	○	○	○
8	○	○	○	○	○	33	○	○	○	○	○
9	○	○	○	○	○	34	○	○	○	○	○
10	○	○	○	○	○	35	○	○	○	○	○
11	○	○	○	○	○	36	○	○	○	○	○
12	○	○	○	○	○	37	○	○	○	○	○
13	○	○	○	○	○	38	○	○	○	○	○
14	○	○	○	○	○	39	○	○	○	○	○
15	○	○	○	○	○	40	○	○	○	○	○
16	○	○	○	○	○	41	○	○	○	○	○
17	○	○	○	○	○	42	○	○	○	○	○
18	○	○	○	○	○	43	○	○	○	○	○
19	○	○	○	○	○	44	○	○	○	○	○
20	○	○	○	○	○	45	○	○	○	○	○
21	○	○	○	○	○						
22	○	○	○	○	○						
23	○	○	○	○	○						
24	○	○	○	○	○						
25	○	○	○	○	○						

Preguntas Prácticas de Estrategia de Opción Múltiple

A CONTINUACIÓN SE DETALLAN LAS ESTRATEGIAS PARA RESPONDER A LAS PREGUNTAS DE OPCIÓN MÚLTIPLE CON PREGUNTAS DE PRÁCTICA PARA CADA ESTRATEGIA.

Las respuestas aparecen a continuación de esta sección, con una explicación y un análisis detallados de cada estrategia y pregunta, además de consejos y análisis.

Estrategia 1 - Localizar palabras clave

Para cada pregunta, averigua qué se pregunta exactamente localizando las palabras clave que aparecen en la pregunta. Subraya las palabras clave para aclarar tus ideas y no perder el hilo.

Instrucciones: Lee el siguiente pasaje y responde a las preguntas utilizando esta estrategia.

La cría al aire libre es un método de cría en el que los animales domésticos deambulan libremente, o con relativa libertad, en lugar de estar encerrados en un corral o una jaula. El término "campero" puede tener dos significados distintos, según con quién se hable. Una definición, cuando se habla con un ganadero, es una descripción técnica de un método de cría. Es posible que haya visto huevos de gallinas camperas en el supermercado. Se trata de una definición orientada al consumidor. Los ganaderos que practican la cría al aire libre se benefician de numerosas ventajas. La certificación como productor criado en libertad permite a los granjeros cobrar precios más altos y reducir los costes de alimentación. Eso no es todo: los métodos de cría al aire libre también mejoran la salud general de los animales, lo que da lugar a un producto de mayor calidad. Además, la cría al aire libre permite múltiples cultivos en la misma tierra, otro ahorro importante para los agricultores. La certificación de la cría al aire libre es diferente de la certificación ecológica.

1. La cría en libertad

   a. Utiliza un vallado mínimo para dar más espacio a los animales.

   b. Puede referirse a dos cosas diferentes.

   c. Siempre es un método muy humano.

   d. Sólo permite un cultivo a la vez.

2. Se practica la cría al aire libre

   a. Obtener la certificación de granja campera.

   b. Reducir el coste de la alimentación de los animales.

   c. Producir un producto de mayor calidad.

   d. Todas las anteriores.

3. Cría al aire libre:

   a. Puede referirse a métodos descritos por el agricultor

   b. Es cada vez más popular en muchas zonas.

   c.   Tiene por el consumidor.muchos lím ites y hace que bajen los precios.

   d. Sólo se hace para que los animales estén más felices y sanos.

4. La certificación de granja campera es lo más importante para los agricultores porque:

   a. La alimentación del ganado criado en libertad es menos costosa.

   b. El precio del producto es más elevado.

   c. Tanto a como b

   d. Los animales se mantienen en recintos más pequeños, por lo que se puede producir más.

Estrategia 2 - Vigilar los negativos

Para cada pregunta, sea del tipo que sea, busque las negativas. Estos pueden incluir nunca, no y otros que cambiarán completamente lo que se está preguntando.

Instrucciones: Lee el siguiente pasaje y responde a las preguntas utilizando esta estrategia.

Los osos pardos muestran una característica común en la naturaleza, el dimorfismo sexual. Se trata de una clara diferencia de tamaño o apariencia entre los sexos de un animal. Los osos pardos machos, por ejemplo, suelen pesar entre 400 y 750 libras, pero pueden llegar a pesar más de 1.000 libras. Las hembras son más pequeñas, pesan entre 250 y 350 libras, un 38% menos. Los osos pardos machos miden aproximadamente 1,80 m a la altura del hombro, a cuatro patas, y más de 1,80 m cuando están de pie. Los machos son más grandes y suelen medir 2,5 metros o más sobre sus patas traseras. Los osos pardos de distintas zonas geográficas también muestran diferencias significativas. Por ejemplo, los de la zona del río Yukón, en el norte de Canadá, son un 20% más pequeños.

5. El dimorfismo sexual no significa

> a. Los osos pardos machos tienen el mismo tamaño que las hembras de la especie.

> b. Todos los osos pardos tienen el mismo aspecto y el mismo tamaño.

> c. Los osos pardos pueden ser bastante grandes, y pesar más de media tonelada.

> d. Todos los anteriores

6. El tamaño de un oso pardo adulto nunca es

> a. Más de 500 libras.

> b. Depende del sexo del oso.

> c. Determinado simplemente por la dieta.

> d. Menos de 2 metros de altura.

7. Los osos pardos de la zona del río Yukón no

    a. Crece tanto como la mayoría de los osos pardos

    b. Conseguir la alimentación rica y variada necesaria

    c. Necesitan los mismos nutrientes que otros osos pardos

    d. Mide menos de 7 pies, y pesa cerca de media tonelada

Estrategia 3 - Leer el tallo completamente

Para cada pregunta, sea del tipo que sea, lee la información de la raíz y luego intenta determinar la respuesta correcta antes de mirar las diferentes respuestas.

Instrucciones: Lee el siguiente pasaje y responde a las preguntas utilizando esta estrategia.

Los osos pardos y los osos pardos suelen considerarse especies distintas, aunque técnicamente ambos se clasifican como Ur- sus Arctos. Los osos pardos viven en las zonas costeras de Norteamérica, donde el salmón es la principal fuente de alimento. Los osos que viven en el interior y en hábitats septentrionales se denominan "osos pardos". Una subespecie de oso pardo que se encuentra en la isla de Kodiak tiene un cráneo de forma diferente debido a la lejanía de la región y a su desarrollo independiente.

El oso negro, más pequeño y común, también es una subespecie, Ursus americanus. Los osos negros se encuentran en toda Norteamérica.

8. Los osos pardos, los osos pardos y los osos kodiak son todos

    a. Arctas Ursinas

    b. Ursus arctos

    c. Arctos Ursina

    d. Úrsula Ártica

9. Los osos pardos de Kodiak se clasifican como un subespecie porque

    a. Son mucho más grandes que otros osos pardos

    b. Su dieta es radicalmente diferente a la de otros osos pardos

    c. No son verdaderos osos pardos, sino una mezcla de especies de osos

    d. De su genética y de la forma de su cabeza, así como de su aislamiento físico.

10. El término grizzlies, cuando se refiere al oso pardo, se utiliza principalmente

    a. En las zonas orientales donde el oso crece

    b. Sólo en zonas nevadas con temperaturas bajas durante todo el año

    c. En las zonas septentrionales e interiores

    d. En las zonas donde el oso tiene un aspecto plateado

11. El término oso pardo se utiliza normalmente

    a. Cuando una de las principales fuentes de alimento es el salmón

    b. Cuando el oso es pequeño

    c. Cuando el oso se encuentra tierra adentro

    d. Cuando el oso tiene un pelaje marrón claro y es muy grande

Estrategia 4 - Considerar todas las opciones antes de decidir

En cada pregunta, sea del tipo que sea, asegúrate de leer todas las opciones antes de elegir.

Instrucciones: Lee el siguiente pasaje y responde a las preguntas utilizando esta estrategia.

Los osos polares y los osos pardos son especies diferentes, aunque hay casos raros de híbridos. Los científicos saben desde hace tiempo que las dos especies son compatibles y hay varios casos de híbridos en zoológicos.

En 2006, en los Territorios del Noroeste de Canadá, un cazador disparó a lo que creía que era un oso polar. Este oso era ligeramente diferente. Como la mayoría de los osos polares, su pelaje era grueso y blanco, pero también tenía algunas características de los osos pardos, como garras largas, espalda jorobada y manchas marrones alrededor de la nariz, los ojos y la espalda.

Esta extraña combinación de rasgos de ambas especies llamó pronto la atención del Wildlife Genetics International de Columbia Británica (Canadá), que confirmó que se trataba de un híbrido de oso polar y oso pardo mediante pruebas de ADN.

Este oso parece ser el producto de una madre oso polar y un padre oso pardo. Hasta 2006, no se había documentado ningún caso de oso polar grizzly híbrido en estado salvaje. Ha habido casos de híbridos en zoológicos y es bien sabido que esto era posible.

12. ¿Qué características del oso pardo tenía el oso híbrido?

    a. Manchas marrones en algunas zonas

    b. Garras largas

    c. Una cara poco profunda

    d. Todos los anteriores

13. El oso híbrido fue el resultado de

a. Un oso pardo macho y un oso pardo hembra.

b. Una hembra de oso pardo y un macho de oso pardo.

c. Una osa polar hembra y un oso pardo macho.

d. Un oso polar macho y un oso pardo hembra.

14. El oso híbrido probado aquí fue

a. El primer caso conocido en el que dos especies de oso diferentes se aparearon con éxito.

b. Genéticamente defectuosos y propensos a muchas enfermedades y afecciones.

c. Una casualidad y un error de la naturaleza que nunca ha ocurrido.

d. La primera prueba de una especie híbrida de oso salvaje fuera de zoológicos.

15. Ciencia moderna

a. Ha demostrado que las crías de dos especies diferentes no sobrevivirán en casi todos los casos.

b. sabía desde hace tiempo que estos osos híbridos eran posibles.

c. Comprende perfectamente cómo se producen los híbridos de oso y por qué ocurre esto en la naturaleza.

d. Ha estudiado cientos de híbridos de oso en un intento de aprender más.

Estrategia 5 - Eliminación

En cada pregunta, sea del tipo que sea, la eliminación de las respuestas obviamente incorrectas reduce las opciones posibles. La eliminación es probablemente la estrategia más poderosa para responder a preguntas de opción múltiple.

Instrucciones: Lee el siguiente pasaje y responde a las preguntas utilizando esta estrategia.

Los pavos reales han sido admirados a lo largo de la historia por la belleza de su plumaje y la cola del pavo real macho, con su característico dibujo ocular.

En la mitología griega, Hera, esposa de Zuess y reina de los dioses, colocó los cien ojos del gigante asesinado Argos en la cola del pavo real, su ave favorita.

La cola o cola del pavo real no es en realidad la cola, sino las plumas elongadas de la parte superior de la cola. Estas hermosas plumas verde-bronce, con el dibujo del ojo, pueden verse cuando la cola se despliega. Las plumas reales de la cola del pavo real son cortas y de color gris y se pueden ver desde atrás cuando la cola se abre en abanico en una exhibición de cortejo.

Las plumas grises de la cola también pueden verse durante la época de muda, cuando los machos dejan caer las plumas en su cola. La hembra es más apagada que el espectacular macho. La hembra es parda, con algunas plumas verdes iridiscentes en el cuello.

16. Las largas y coloridas plumas de la cola del pavo real

    a. Sólo están presentes en el macho de la especie

    b. Son utilizados por ambos sexos para advertir a los depredadores

    c. Normalmente son de color rojo y azul

    d. Sólo están presentes durante un periodo muy breve al año

17. Las diferencias entre el pavo real macho y hembra son

    a. Tamaño y peso

    b. Coloración y longitud de las plumas de la cola

    c. La hembra nunca abandona el nido

    d. El macho se sienta e incuba los huevos

18. El término pavo real se refiere en realidad a

    a. Ambos sexos de la familia de los faisanes

    b. Los ojos en las plumas de la cola del pájaro

    c. El ave macho de la especie peafowl

    d. El ave hembra de la especie peafowl

19. Las plumas grises de la cola del pavo real macho pueden verse

    a. Cuando el pájaro se asusta

    b. Sólo cuando el ave está buscando comida

    c. Cuando el pavo real baja las plumas de la cola hasta el suelo

    d. Durante la época de muda

Estrategia 6 - Opuestos

En cada pregunta, sea del tipo que sea, fíjate en las respuestas opuestas. Cuando dos respuestas son opuestas, aumentan las probabilidades de que una de ellas sea la correcta.

Instrucciones: Lee el siguiente pasaje y responde a las preguntas utilizando esta estrategia.

La viruela es una enfermedad altamente infecciosa exclusiva del ser humano, causada por dos virus, el Variola Major y el Minor. El nombre latino de la viruela es Variola o Variola vera, que significa manchado.

En 1980, la Organización Mundial de la Salud certificó que la viruela había sido erradicada. A veces se confunde la viruela con la varicela, pero se trata de virus diferentes.

El virus de la viruela vive en los pequeños vasos sanguíneos de la boca, la garganta y la piel. Esto produce una erupción distintiva en estas ar- eas, que se convierten en ampollas. Tras la exposición al virus de la viruela, los síntomas no aparecen hasta pasados entre 12 y 17 días.

La variola mayor es un virus mucho más grave, con una tasa de mortalidad del 30-35%. El Variola Minor es más leve, con una tasa de mortalidad del 1%. Variola Monior tiene varios nombres comunes, entre ellos, por desgracia, viruela del algodón, viruela de la leche, viruela blanca y prurito cubano.

La viruela mayor causa varias complicaciones a largo plazo, como cicatrices, normalmente en la cara, que se producen en aproximadamente el 65-85% de los supervivientes. Otras complicaciones, como la ceguera y las deformidades por artritis y otras complicaciones, son mucho menos frecuentes, en torno al 2 - 5%.

20. Viruela

    a. Afecta a todos los mamíferos, incluidos los humanos

    b. Es causada por una bacteria por contacto con carne muerta

    c. Fue llamada la gran viruela durante el siglo XV

    d. Sólo afecta a los humanos, aunque otras especies pueden portar y transmitir el virus

21. La viruela causada por la Variola major tiene un

    a. Entre un treinta y un treinta y cinco por ciento de supervivencia

    b. Tasa de mortalidad del sesenta por ciento

    c. Entre un treinta y un treinta y cinco por ciento de mortalidad

    d. 60% de supervivencia

22. La viruela causada por la Variola minor es

a. Mucho más grave, con un mayor número de viruelas
y más cicatrices.

b. Mucho menos grave, con menos viruelas y menos cicatrices

c. Se caracteriza porque no hay viruela

d. Tan leve que no requiere tratamiento ni atención
médica

23. La viruela puede ser mortal

a. Entre el treinta y el treinta y cinco por ciento de
quienes contraen el virus, dependiendo del tipo

b. Entre el treinta y el sesenta y cinco por ciento de
quienes contraen el virus, dependiendo del tipo

c. Cuando no se dispone de tratamiento médico

d. Sólo en países en desarrollo donde la atención
médica es deficiente

Estrategia 7 - Buscar las diferencias

En cada pregunta, sea del tipo que sea, fíjate en las dos
opciones que parecen correctas y examina las diferencias entre
ambas. Consulta el tallo para determinar la mejor respuesta.

**Instrucciones: Lee el siguiente pasaje y responde a las
preguntas utilizando esta estrategia.**

El rayo es uno de los fenómenos naturales más sorprendentes.
Una creencia popular es que un rayo no puede caer dos veces en
el mismo lugar. Esto no es cierto: los rayos caen con
frecuencia en el mismo lugar. Un rayo es una descarga
eléctrica entre las nubes y el suelo, o entre dos nubes. Suele ir
acompañado de truenos durante las tormentas eléctricas, las
tormentas de polvo y las erupciones volcánicas. Cada año se
producen en el mundo unos 16 millones de tormentas
eléctricas.

Los rayos viajan a velocidades de 130.000 millas por hora y
contienen mil millones de voltios de electricidad. Los rayos
pueden

alcanzan temperaturas de 54.000° F. Esto es lo suficientemente caliente como para convertir la arena, algunos suelos o rocas en canales huecos de vidrio, llamados fulguritas. Las fulguritas se extienden muy por debajo de la superficie.

Los rayos son una característica tan común de la atmósfera que incluso existe una clasificación para el miedo a los rayos y truenos, denominada astrafobia.

Nubes de ceniza volcánica, tormentas de polvo e incendios forestales puede generar suficiente electricidad estática para producir rayos.

Los científicos no comprenden el proceso de formación de los rayos, y esto es objeto de debate. Los científicos han estudiado las causas de los rayos, como el viento, la humedad, la fricción y la presión atmosférica, los vientos solares y la acumulación de partículas solares cargadas. Muchos científicos creen que el hielo del interior de las nubes es importante en la causa de los rayos.

24. La astrafobia es

a. Miedo a los truenos

b. Miedo a los truenos y relámpagos

c. Miedo a los rayos

d. Ninguna de las anteriores

25. Se produce un rayo

a. Sólo en tormentas

b. En tormentas eléctricas y de polvo

c. En tormentas eléctricas, erupciones volcánicas y tormentas de polvo

d. En la atmósfera superior

26. Las fulguritas son

a. De sílice

b. De cristal

c. De sílice convertida en vidrio

d. De sílice y vidrio

Estrategia 8 - Pistas contextuales

Observa las frases y el contexto para determinar la mejor opción. A veces, la respuesta puede estar en el mismo pasaje o en la misma pregunta.

Instrucciones: Lee el siguiente pasaje y responde a las preguntas utilizando esta estrategia.

Venus es uno de los cuatro planetas solares terrestres, o cuerpos rocosos que orbitan alrededor del Sol. Los planetas se definen como cuerpos celestes que se mueven en una órbita elíptica alrededor de una estrella. Venus tiene aproximadamente el mismo tamaño que la Tierra. El diámetro de Venus (12.104 km) es sólo 650 km. menor que el de la Tierra (12.742 km.) y su masa es el 81,5% de la terrestre. La atmósfera venusina es una mezcla densa de dióxido de carbono con algo de nitrógeno.

Venus orbita alrededor del Sol cada 224,7 días y es el segundo planeta más cercano al Sol.

Venus, la segunda estrella más brillante del cielo, con una magnitud aparente de -4,6, fue bautizada por los romanos con el nombre de la diosa del amor y la belleza. Los romanos bautizaron a todas las estrellas más brillantes con los nombres de sus dioses y diosas. A Venus se le suele llamar Estrella de la Mañana o de la Tarde. Venus alcanza su máximo brillo antes del amanecer y después del atardecer.

Venus es un planeta inferior a la Tierra, lo que significa que está más cerca del Sol: su elongación alcanza un máximo de 47,8°.

27. La magnitud aparente es

   a. Una medida de oscuridad

   b. Una medida de la luminosidad

   c. La distancia desde la luna

   d. La distancia desde la Tierra

28. La elongación de un planeta es

    a. La distancia angular al Sol, vista desde la Tierra.

    b. La distancia al sol

    c. La distancia desde la Tierra

    d. Ninguna de las anteriores

29. Los planetas terrestres son

    a. De roca

    b. Tienen gente encima

    c. La tierra y no otros

    d. Del mismo tamaño que la Tierra

30. ¿Cuántos planetas orbitan alrededor del Sol en menos de 224,7 días?

    a. 1 planeta

    b. Sólo Venus

    c. 2 planetas

    d. 3 planetas

Estrategia 9 - Probar todas las opciones

En las preguntas de definición, pruebe todas las opciones: una opción encajará mejor que el resto. A medida que repasa las opciones, utilice la Estrategia 5 - Eliminación, para eliminar las opciones obviamente incorrectas a medida que avanza.

Instrucciones: Lee el siguiente pasaje y responde a las preguntas utilizando esta estrategia.

Algunos de los patrones meteorológicos más comunes en la Tierra son la lluvia, el viento, la niebla y la nieve. Otros patrones meteorológicos, generalmente clasificados como desastres naturales, son los huracanes, los tornados, los tifones y las tormentas de hielo.

Por lo general, el clima se produce en la parte inferior de la atmósfera, denominada troposfera. Algunos fenómenos meteorológicos que se producen en la parte superior de la atmósfera, o estratosfera, pueden afectar al tiempo enla troposfera inferior.

La principal causa del tiempo atmosférico son las diferencias de temperatura, presión barométrica y densidad de humedad en la atmósfera. Los fenómenos meteorológicos en la atmósfera, como la corriente en chorro, se deben a las diferencias de temperatura entre el aire tropical y el polar, que hacen que el aire se desplace de uno a otro. La corriente en chorro fluye generalmente en dirección oeste y hay dos o tres corrientes en chorro en los hemisferios norte y sur en cualquier momento.

Las inestabilidades en el flujo de la corriente en chorro provocan sistemas meteorológicos como los ciclones extratropicales. Diferentes procesos provocan sistemas meteorológicos como los monzones o las tormentas. Los monzones se deben a una diferencia de temperatura entre la tierra y el mar.

Debido a la inclinación del eje terrestre, la luz solar llega a la Tierra en distintos ángulos en diferentes épocas del año, lo que crea las estaciones. En enero, el hemisferio norte está inclinado en dirección opuesta al sol, por lo que la luz solar es más directa que en julio.

31. La troposfera es

    a. Los estratos más altos de la atmósfera

    b. Los estratos más bajos de la atmósfera

    c. El nivel medio de la atmósfera

    d. No forma parte de la atmósfera

32. Los monzones son

    a. Causada por inestabilidades en la corriente en chorro

    b. Causadas por procesos distintos de las inestabilidades de la corriente en chorro

    c. Parte de la corriente en chorro

    d. Porque la corriente en chorro

33. Se producen ciclones extratropicales

a. En los trópicos

b. En las zonas templadas

c. En la corriente del golfo

d. En latitudes medias

34. Inclinado significa:

a. Inclinado

b. Giratorio

c. Conectado a

d. Doblado

Estrategia 10 - Trabajar para conseguirlo

En las preguntas sobre detalles de apoyo, la clave es el trabajo. Repasa el pasaje para localizar la opción correcta. Nunca olvides que las opciones que te dan están diseñadas para confundir, y pueden *parecer* respuestas razonables. Sin embargo, si no se mencionan en el texto, son respuestas "pista falsa".

La mejor respuesta es la respuesta exacta mencionada en el texto.

Instrucciones: Lee el siguiente pasaje y responde a las preguntas utilizando esta estrategia.

Ébola es un término común para un grupo de virus del género Eb- ola (EBOV), familia Filoviridae. Existen varias especies dentro del género del virus del Ébola, con cepas específicas. Ébola también es un término genérico para la enfermedad que causan los virus, la fiebre hemorrágica del Ébola. El primer brote de ébola se produjo cerca del río Ébola, en la República Democrática del Congo, que da nombre a la enfermedad y a los virus. El ébola es una enfermedad muy grave, muy contagiosa y a menudo mortal. La epidemia del virus del Ébola en África Occidental de 2014 fue la más extendida de la historia.

El virus del Zaire fue el primero en descubrirse en 1976 y es el más letal. El virus del Ébola se transmite a través de los fluidos corporales.

El ébola apareció por primera vez en 1976 en Zaire. Un brote en Reston, Virginia llamó la atención internacional sobre el virus.

Los virus del Ébola son similares al virus de Marburgo, también de la familia Filoviridae. La mayoría de los virus son esféricos, pero los del Ébola tienen filamentos largos. Los virus del Ébola y de Marburgo presentan síntomas similares.

35. El virus del Ébola recibió este nombre debido a

a. El médico que descubrió el virus

b. La cura que se utiliza para tratar a los infectados

c. El río donde se detectó la enfermedad por primera vez

d. Qué hace el virus en el organismo

36. Los virus del género Ébola son reconocibles

a. Por su forma de gancho

b. Debido a sus largos filamentos

c. Debido a sus cabezas oblongas

d. Por su color único

37. Una de las causas más comunes de muerte por el La familia de virus Ébola es

a. Shock hipovolémico debido a daño vascular

b. Hemorragia cerebral que no se puede detener

c. Un infarto por pérdida de sangre y falta de líquidos

d. Fiebre alta que no se puede bajar

38. La cepa más mortífera de la familia del virus del Ébola es la

a. La tensión de Reston

b. La cepa de Costa de Marfil

c. La cepa Zaire

d. La cepa de Sudán

Estrategia 11 - Visión de conjunto

Los detalles pueden ser complicados cuando se trata de preguntas sobre la idea principal y el sumario, pero no dejes que te distraigan. Fíjate en el panorama general y no en las partes más pequeñas para determinar la respuesta correcta.

Instrucciones: Lee el siguiente pasaje y responde a las preguntas utilizando esta estrategia.

En 2005, los investigadores descubrieron tres especies de murciélagos frugívoros portadores del virus del Ébola, pero que no mostraban síntomas de la enfermedad. Estas tres especies se denominan hospedadores naturales o especies reservorio. Los científicos han estudiado plantas, insectos y aves como posibles especies reservorio sin éxito. Los murciélagos son la única especie reservorio que los científicos han encontrado.

Los primeros brotes, en 1976 y 1979, se produjeron en fábricas de algodón donde vivían murciélagos. Los murciélagos también estuvieron presentes en las infecciones de Marburgo de 1975 y 1980.

39. La especie más sospechosa de ser un posible reservorio del virus del Ébola es

    a. Pájaros

    b. Insectos

    c. Plantas

    d. Murciélagos

40. La mayoría de las especies vegetales y animales

    a. Puede ser portador del virus del Ébola pero no infectarse

    b. No pueden portar ni transmitir el virus del Ébola

    c. Son responsables de nuevos casos de virus Ébola

    d. Puede infectarse con uno de los virus del Ébola

41. Los murciélagos son conocidos por

a. Ser portadores de muchos virus diferentes,
incluido el Ébola.

b. Transmisión del virus del Ébola a través de un arañazo

c. Ser susceptible al virus e infectarse

d. Transmisión del virus del Ébola a través de drop-
pings infectados

Estrategia 12 - La mejor respuesta posible

Intente determinar la mejor respuesta posible de acuerdo con la
in- formación dada en el pasaje. No se deje distraer por
respuestas que parezcan correctas o que sean correctas en su
mayoría.

**Instrucciones: Lee el siguiente pasaje y responde a las
preguntas utilizando esta estrategia.**

El ébola puede no ser contagioso inicialmente, pero a medida que la
enfermedad pro-
gresos, los fluidos corporales son extremadamente contagiosos.

La falta de equipos adecuados y de una higiene apropiada ha
causado epidemias en zonas pobres y aisladas.
Desgraciadamente, los reservorios infecciosos suelen salir de
zonas que no cuentan con hospitales modernos ni personal
médico formado, lo que se suma al cambio de las epidemias.

42. El ébola es muy contagioso

a. Sólo cuando hay sangre

b. Sólo en las primeras fases antes de que se produzca la
hemorragia

c. En todas las fases de la enfermedad, desde la incubación
hasta la recuperación

d. Sólo en las últimas fases, cuando el virus es muy
numeroso.

43. La exposición al virus del Ébola significa

a. Una sentencia de muerte para la mayoría de los pacientes

b. Aislamiento del paciente y precauciones adecuadas para todo el personal médico a fin de contener el virus.

c. El virus se propaga rápidamente y no existe tratamiento.

d. Una recuperación completa generalmente, con muy pocos síntomas

44. Los brotes de ébola suelen producirse

a. Dado que los procedimientos de esterilización y contención son no se sigue o no está disponible

b. Debido a la presencia de animales infectados en la zona

c. Por los excrementos de ratas en los hogares

d. Debido a un suministro de agua contaminado

45. El ébola es

a. Más común en países avanzados donde el tratamiento hace que la enfermedad sea menor

b. Más común en el tercer mundo y en los países en desarrollo

c. Fatal en más del noventa y cinco por ciento de los casos.

d. Altamente contagiosa durante el periodo de incubación

Respuestas a ejemplos de preguntas de estrategia de opción múltiple

Estrategia 1 - Las palabras clave de la pregunta indican lo que se pregunta

1. B

La pregunta se refiere al *método* de cría en libertad. Aquí método se refiere al *tipo* de ganadería. "Método" es la palabra clave y puede marcarse o subrayarse.

2. D

La pregunta es: "La cría al aire libre se *practica...*". La palabra clave aquí es "se practica". Si nos fijamos en las opciones, que empiezan todas por "a", está claro que la respuesta tratará sobre *por qué se practica la* cría al aire libre... Observe también que una opción es "Todo lo anterior", que aquí es la respuesta correcta. Sin embargo, cuando "Todo lo anterior" es una opción, se trata de una posible estrategia de eliminación.

Todo lo que tiene que hacer es encontrar una opción que sea incorrecta y puede utilizar la Estrategia 5 - Eliminación para eliminar dos opciones y aumentar sus probabilidades de una entre cuatro, a una entre dos.

3. A

La pregunta es: "Ganadería extensiva...". A partir de la pregunta, y la *falta* de palabras clave, junto con las opciones presentadas, la respuesta será una definición de cría en libertad.

4. C

La pregunta es: "La certificación de granja campera es *más importante* para los agricultores porque...". "Las palabras clave aquí son "más importante". Tenga cuidado de elegir la mejor respuesta posible.

Estrategia 2 - Vigilar los negativos

Estas cuatro preguntas tienen todas negativas: no significa, nunca significa, no significa y no es. Estas preguntas excluyen posibilidades, así que si ves alguna opción que sea cierta, puedes eliminarla enseguida.

5. D

La pregunta se refiere a lo que *no* significa dimorfismo sexual. Rodea con un círculo la palabra "no" y tenla bien presente. A continuación, qué es el dimorfismo sexual. Leyendo rápidamente el texto, el dimorfismo sexual no se define explícitamente, pero se relaciona con que las hembras de oso son más pequeñas que los machos. Probablemente haya otros aspectos, pero esta definición general es todo lo que se necesita para responder a la pregunta.

En primer lugar, fíjate en que "Todo lo anterior" es la opción D. Además, la pregunta es negativa. Para que la opción D sea correcta, las opciones A, B y C deben ser incorrectas. Esto reduce tus opciones. Si alguna de las opciones A, B o C es correcta, entonces puedes eliminar esa opción, así como la opción D.

O bien todas las opciones son incorrectas, en cuyo caso, la opción D, "Todo lo anterior" es correcta.

La opción A, los machos y las hembras tienen el mismo tamaño, es incorrecta. La opción B, todos los osos pardos tienen el mismo aspecto y el mismo tamaño, es incorrecta. Opción C, los osos pardos (en plural, *todos los osos* pardos) pueden ser grandes y pesar más de media tonelada. Esto es incorrecto ya que, aunque todos los osos pardos son grandes, las hembras pesan menos de media tonelada.

Las tres opciones son incorrectas, por lo que la opción D es la correcta.

6. A

En primer lugar, rodea con un círculo o subraya nunca para indicar que se trata de una pregunta negativa.
tión. Ahora mira las opciones para encontrar una opción que no sea cierta.

La opción A es verdadera ya que los osos machos pesan 1.000 libras. M a r c a e s t a o p c i ó n . Puede ser tentador elegir esta opción como respuesta, pero es importante considerar todas las opciones antes de tomar una decisión final.

La opción B no es cierta: la talla no depende del sexo. La opción C no es cierta: la talla no depende de la dieta.
La opción D no es cierta: los machos suelen medir 2,5 metros. Por tanto, la opción A es correcta.

7. A
Marque primero "no" para indicar que se trata de una pregunta negativa.

La opción A es correcta, los osos pardos del río Yukón no crecen tanto como otros osos pardos, así que márcala para tenerla en cuenta más adelante. Examina las otras opciones antes de tomar una decisión final.

La opción B no se menciona en el texto y puede eliminarse.

La opción C no se menciona en el texto y puede eliminarse.

La opción D es cierta, pero se trata de una pregunta negativa,

por lo que es falsa. Algunas de las opciones anteriores pueden

ser ciertas desde el punto de vista del sentido común. punto de vista, pero si no se mencionan específicamente en el pasaje, pueden eliminarse. La opción

A es correcta.

Estrategia 3 - Leer el tallo completamente

Lee la pregunta y busca la respuesta en el texto antes de leer
las opciones. Si lees primero las opciones, te confundirás, ¡tal y como está previsto! No caigas en esta trampa.

8. B

Las opciones son muy confusas, ¡y así debe ser! Se dan cuatro variaciones del nombre latino de la especie, Ursus Arctos, así que la pregunta es qué versión de este nombre latino es la correcta, lo que da una estrategia muy sencilla de resolver. Como el nombre es latino, va a destacar en el texto. Toma la primera opción, "Arctas Ursinas", y busca en el texto algo que se parezca a eso. Al final de la segunda frase aparece "Ursus Arctos", que se parece mucho. A continuación, confirma a qué se refiere esta frase, lo que da la respuesta correcta, la opción B.

9. D

En esta pregunta se pregunta por qué los osos pardos de Kodiak son una subespecie diferente, y las opciones están diseñadas para confundir a un examinando despreocupado y estresado. Busca en el texto "Kodiak", que aparece en la penúltima frase, y responde a la pregunta.

10. C

Esta pregunta se refiere a la relación entre los osos pardos y los osos pardos. Si no tienes cuidado, las opciones te confundirán.

11. A

Lee la pregunta y luego el texto antes de intentar responder para evitar confusiones.

Estrategia 4 - Considerar todas las opciones antes de decidir

En la estrategia 3, aprendimos a encontrar la respuesta correcta en el texto antes de leer las opciones. Bien, ya has leído el texto y tienes la respuesta correcta. Lo siguiente es la estrategia 4: leer *todas las opciones*. Una vez que hayas leído todas las opciones, selecciona la correcta.

12. D

En primer lugar, fíjate en que "Todo lo anterior" es una opción.
Así que si encuentras una opción que es incorrecta, puedes
eliminar esa opción y la opción D, "Todas las anteriores". Si
primero lees la pregunta (estrategia nº 3), luego miras el texto
y, por último, lees todas las opciones antes de responder, verás
que las opciones A, B y D son incorrectas.
C son todas correctas, por lo que la opción D, Todas las anteriores,
es la correcta.
Si no hubieras leído antes todas las opciones, podrías estar
tentado a elegir impulsivamente A, B o C.

13. C

Mirando las opciones, están diseñadas para confundir con
diferentes opciones y combinaciones. Por lo tanto, es
importante tener mucho cuidado al elegir. Si estás estresado,
tienes prisa o no prestas atención, es probable que te
equivoques en esta pregunta al hacer una elección impulsiva y
no leer todas las opciones antes de hacer una selección.

Remitiéndose al texto, encontrará la frase "... era un híbrido, con
la madre un oso polar y el padre un oso pardo", que responde a
la pregunta.

14. D

Al leer todas las opciones, B y C pueden eliminarse de
inmediato, ya que no se mencionan en el texto. Podrían parecer
buenas respuestas, pero no proceden del pasaje.

Si nos fijamos en las opciones A y D, la cuestión es si esto
ha ocurrido antes, o si sólo ha sucedido en zoológicos.
Remitiéndonos al texto, la última frase nos da la respuesta:
"Es el primer caso documentado en la naturaleza, aunque se
sabía que este híbrido era bio- lógicamente posible y en el
pasado se han criado otros híbridos en zoológicos".

15. B

Al leer las cuatro opciones, la pregunta es: ¿qué sabe la
ciencia? ¿Ocurre siempre? ¿Se entiende completamente?
¿Sobreviven? ¿Es posible? Busca en el texto cuánto se sabe.
La última frase, "Es el primer caso documentado en la
naturaleza, aunque se sabía que este híbrido era
biológicamente posible", da la respuesta.

Estrategia 5 - Eliminación

16. A

En cada pregunta, sea del tipo que sea, la eliminación de las
respuestas obviamente incorrectas reduce las opciones posibles.
La eliminación es probablemente la estrategia más poderosa
para responder a preguntas de opción múltiple.

Utilizando esta estrategia, las opciones pueden reducirse a las
opciones A y D. Nunca he visto un pavo real con la cola roja,
así que la opción C *probablemente pueda* eliminarse, pero
vuelve a comprobarlo. La mayoría de las aves y muchos
animales tienen un patrón en el que el macho es colorido y la
hembra menos colorida. La opción B puede eliminarse, ya que
se refiere a que "ambos sexos" tienen colas de colores. La
opción D es una buena candidata ya que el texto se refiere a la
época de muda, sin embargo, el texto no dice cuánto dura, por
lo que hay algunas dudas. Por lo tanto, la opción A es la mejor,
ya que se menciona directamente en el texto.

17. B

La opción D puede eliminarse de inmediato, ya que es raro que
un ave macho se siente sobre los huevos.

Al leer el pasaje, se pueden eliminar las opciones A y C, ya que
no se mencionan directamente en el texto, por lo que sólo
queda la opción D.

18. C

Las opciones A y D pueden eliminarse inmediatamente, ya
que "gallo" siempre se refiere a un ave macho. Remitiéndonos
al texto, "El pavo real macho, o pavo real, ha sido durante
mucho tiempo...", lo que convierte a la opción C en la mejor
opción.

19. D

Las opciones A y B pueden eliminarse de inmediato o con
una revisión rápida del pasaje, ya que no se mencionan. La
opción C es sospechosa, ya que las plumas grises están
debajo de las plumas de la cola, por lo que es difícil ver
cómo podrían ser visibles cuando las plumas de la cola están
bajadas.

Estrategia 6 - Opuestos

Si hay opuestos, uno de ellos suele ser la respuesta correcta. Si te sirve de ayuda, haz una tabla con las distintas opciones y la correcta quedará clara.

20. D
Observa que las opciones A y D son opuestas. Refiriéndose al texto, "La viruela es una enfermedad infecciosa exclusiva de los seres humanos...".
..." elimina la opción A. Observe también que las opciones B y C no se mencionan en el texto y pueden eliminarse de inmediato.

21. C
Observa que todas las opciones son opuestas. 30 - 35% de mortalidad, o tasa de supervivencia, o 60%. Por lo tanto, la tarea consiste en repasar el texto, buscando 30% o 60%, supervivencia o mortalidad, mantenerse claro y no confundirse. A veces, hacer anotaciones o una tabla puede ayudar a aclararse.

La pregunta se refiere al porcentaje, por lo que es fácil y rápido hojear el pasaje en busca de un signo de porcentaje.

El primer signo de porcentaje está en el segundo párrafo, 30 - 35%. Escríbelo al margen. A continuación, mira a qué se

refiere este porcentaje, que es la tasa de mortalidad. Escribe "mortalidad" junto a 30 - 35%.

Ahora, trabajando hacia atrás, vea a qué se refiere la tasa de mortalidad del 30 - 35%. Al principio de esa frase, está la Variola Major.

30 - 35%	Mortalidad	V. Principales

Ahora tenemos una comprensión clara de lo que dice el pasaje, que hemos recuperado rápida y fácilmente, y ahora esperamos no confundirnos con las diferentes opciones.

Las opciones A y B pueden eliminarse inmediatamente. La opción
C parece correcta. Compruebe rápidamente la opción D
y confirme que es incorrecta. La opción C es la respuesta correcta.

22. B

Las opciones A y B son opuestas. ¿La viruela menor es más o
menos grave, con más o menos viruela y más o menos cicatrices?
Las otras dos opciones, "sin viruela" y "sin tratamiento", pueden
eliminarse rápidamente. Tanto la opción A como la B serán
erróneas.

Haz una tabla rápida como ésta:

Mayor - más grave - cicatrices, ceguera
Menor - más leve

En el pasaje no se mencionan las cicatrices de la Variola
minor, pero podemos deducir que son más leves. Si
observamos las opciones, la opción A se refiere claramente a
la Variola major, por lo que podemos deducir que la opción B
se refiere a la Variola minor y es la respuesta correcta.
Podemos confirmar nuestra inferencia a partir del texto.

Fíjate también en las palabras "mayor" y "menor". Lo que da una pista
sobre la gravedad y la eliminación de la opción A.

23. A

Las opciones A y B no son exactamente opuestas, pero están
muy cerca y diseñadas para confundir si no se leen correctamente.
¿Cuántas personas mueren a causa del virus?
¿Entre el 30 y el 35%? ¿O entre el 35 y el 60%? Lee el texto
teniendo en cuenta estas cifras.

Esta pregunta se refiere a un porcentaje de cifras, así que
rápidamente

Busca en el pasaje el signo de porcentaje, que aparece por
primera vez en el segundo párrafo. Trabajando hacia atrás,
confirma que las cifras porcentuales están relacionadas con la
mortalidad, y así es.

Estrategia 7 - Buscar las diferencias

Observa dos opciones que parecen correctas y examínalas
detenidamente.

24. B

Las opciones A, B y C son muy parecidas y están diseñadas
para confundir y distraer a quien no se fije bien en el texto.
¿Qué es exactamente la astrafobia? Esta es una pregunta de
definición de una palabra poco habitual, astrafobia. Busca en
el texto "astrafo- bia". La opción B es correcta.

25. C

Las opciones A, B y C son similares y están diseñadas para
confundir o tentar a u n a persona estresada o descuidada a
hacer una elección rápida e incorrecta. Según el pasaje, en el
primer párrafo, los rayos se producen en tormentas eléctricas,
erupciones volcánicas y tormentas de polvo, por lo que la
opción C es correcta.

26. C

Las cuatro respuestas son similares y están diseñadas para
confundir. Viendo lo similares que son las opciones, es muy
importante tener clara la definición exacta. Busca rápidamente
en el texto la palabra "fulguritas". Según el primer párrafo, las
fulguritas se forman cuando un rayo está "... lo
suficientemente caliente como para fundir arena de sílice en
canales de vidrio...", por lo que la respuesta correcta, y la
opción que mejor responde a la pregunta, es la opción C,
"Hechas de sílice convertida en vidrio".

Estrategia 8 - Pistas contextuales

Observa las frases y el contexto para determinar la mejor
opción. A veces, la respuesta puede estar en el mismo pasaje o
en la misma pregunta.

27. B

No es necesario que conozca el significado exacto, sólo lo
suficiente.

para responder a la pregunta. La frase se utiliza en el pasaje,
"Después de la Luna, es el objeto natural más brillante del
cielo nocturno, alcanzando una magnitud aparente de -4,6"
donde Venus se compara con el brillo de la Luna, por lo
que la magnitud aparente
La magnitud debe tener algo que ver con la luminosidad,
información suficiente para responder a la pregunta. Observa
también que las opciones son opuestas. Las opciones A y B
son opuestas, al igual que las opciones C y D.

28. A

No es necesario conocer el significado exacto, sólo se necesita la información suficiente para responder a la pregunta. El pasaje en el que se utiliza esta frase es: "Porque Venus es un planeta inferior a la Tierra, lo que significa que está más cerca del sol: su elonga- ción alcanza un máximo de 47,8°". La elongación en esta sen- tencia es algo relacionado con la distancia al sol, pero también algo que tiene que ver con la Tierra. La opción C puede eliminarse inmediatamente, y puesto que una opción es incorrecta, la opción D, Todas las anteriores, también puede eliminarse. La opción A es la correcta más probable porque menciona "visto desde la Tierra".

29. A

Las opciones C y D pueden eliminarse inmediatamente. No se menciona el tamaño ni las personas, por lo que las opciones C y D también son incorrectas. Terrestre tiene muchos significados similares, pero la opción A es la mejor. Del pasaje, "Venus es uno de los cuatro planetas solares terrestres, lo que significa que, como la Tierra, es un cuerpo rocoso".

Tenga en cuenta que la opción B es un error gramatical y puede eliminarse inmediatamente. La pregunta es: "Los planetas terrestres son", y la opción B es: "Tienen gente en ellos".

Esta es una gran estrategia, en busca de errores gramaticales y la eliminación, y lo que usted podría esperar ver en una prueba de que un profesor ha hecho ellos mismos. Sin embargo, la mayoría de los exámenes estandarizados se generan por ordenador, y son corregidos por muchas personas diferentes que tienen una experiencia considerable en la corrección de este tipo de preguntas fáciles. Tenlo en cuenta porque es una eliminación fácil, pero no esperes ver este tipo de cosas enun examen estandarizado.

30. A

Se trata de una pregunta un poco tramposa y diseñada para confundir, ya que requiere un paso adicional de razonamiento lógico. Según el texto, Venus es el segundo planeta más cercano al Sol, por lo que debe haber un planeta más cercano. Los planetas más cercanos al el sol girará más rápido, por lo que la respuesta debe ser la opción A.

Estrategia 9 - Probar todas las opciones en las preguntas sobre el significado de las palabras

En las preguntas de definición, pruebe todas las opciones: una opción encajará mejor que el resto. A medida que repasa las opciones, utilice la Estrategia 5 - Eliminación, para eliminar las opciones obviamente incorrectas a medida que avanza.

31. B

La respuesta está tomada directamente del pasaje. Observa que las opciones A y B son opuestas, por lo que una de ellas será incorrecta. Busca en el texto la definición exacta. Si no estás seguro, haz una tabla al margen.

Escanee el pasaje en busca de la palabra que se le pide que de- fine. Las palabras grandes o poco comunes suelen destacar y pueden localizarse rápidamente. Una vez localizada la posición en el pasaje de la palabra utilizando técnicas de escaneo de lectura rápida y, a continuación, concéntrese en la frase y lea con atención.

32. B

Las frases que hablan de la corriente en chorro y los monzones son una al lado de la otra. Probando cada definición y comparándola con el texto, sólo encaja la opción B. Si no estás seguro, copia la información del pasaje en una tabla.

La cuestión es cuál es la relación entre los monzones y la corriente en chorro.

Busca en el pasaje "corriente en chorro" y "monzón".

Ciclones tropicales	Corriente en chorro
Monzones y tormentas	Diferentes procesos

33. D

En relación con el pasaje, y probando cada definición, la opción
D es la única respuesta que tiene sentido refiriéndose al texto.

34. A

El pasaje del texto es: "Debido a que el eje de la Tierra está
i n c l i n a d o   con respecto a su plano orbital, la luz solar
incide en ángulos diferentes en distintas épocas del año".
Sustituyendo todas las opciones dadas en esta frase, inclinada,
la opción A, es la única respuesta sensata. Así es como se ven las
sustituciones:

> a. En junio, el hemisferio norte está *inclinado* hacia el
> sol...
>
> b. En junio, el hemisferio norte *gira* hacia el sol...
>
> c. En junio, el hemisferio norte se c o n e c t a con el
> sol...
>
> d. En junio, el hemisferio norte se inclina hacia el sol...

La opción A es la única que tiene sentido.

Estrategia 10 - ¡Hay que trabajar para conseguirlo! Compruebe cuidadosamente los detalles de apoyo

Todas las respuestas pueden encontrarse leyendo atentamente el
texto. Las preguntas parafrasean el texto del pasaje.

35. C

El pasaje tiene muchos detalles, así que lee con atención y
no te equivoques.

36. B

Las opciones están diseñadas para confundir. Compruebe el texto
para
definición exacta y no se distraiga con otras opciones.

37. A

He aquí un consejo rápido. En la opción A, se utiliza la
palabra hipovolémico. Se trata de una palabra poco habitual y
de vocabulario médico específico. En ninguna de las otras
opciones se utiliza vocabulario específico

así, por lo que es muy probable que sea la respuesta correcta.
Puede escanear rápidamente el texto en busca de esta palabra
para confirmarlo. Escanear el t e x t o e n busca de una
palabra inusual es fácil y rápido, y una de las técnicas más
potentes para este tipo de preguntas.

38. C
Escanea el texto para Zaire.

Estrategia 11 - Visión de conjunto

Los detalles pueden ser complicados cuando se trata de
preguntas sobre la idea principal y el sumario, pero no dejes
que te distraigan. Fíjate en el panorama general y no en las
partes más pequeñas para determinar la respuesta correcta.

39. D
El pasaje dice que en 2005 se descubrió que hay 3 especies de
murciélagos frugívoros más sospechosos de portar el virus.
Los detalles (3 especies, murciélagos frugívoros y 2005) no
importan. Sólo el hecho de que se sospeche de los
murciélagos.

40. B
El pasaje relevante es: "De 24 especies vegetales y 19
vertebradas inoculadas experimentalmente con el virus del
Ébola, sólo se infectaron los murciélagos". La deducción es
que estas especies de plantas y animales no pueden infectarse
(es decir, portar y transmitir la enfermedad), por lo que la
opción B es correcta.

41. A
El pasaje relevante es: "También se sabe que los murciélagos
son los reservorios de varios virus relacionados, como el virus
Nipah, el virus Hendra y los Lyssavirus".

**Estrategia 12 - Tomar la mejor decisión basándose en la
información proporcionada**

42. D
Las opciones B y C son incorrectas por el pasaje: "En las
primeras etapas, el ébola puede no ser altamente contagioso". La
opción A no se menciona, por lo que queda la opción D.

43. B

El pasaje no dice nada sobre la información de las opciones A y
D. La opción C es irrelevante para la pregunta.

44. A

Las opciones B y C no se mencionan en el pasaje. La opción
D es una buena posibilidad, sin embargo, la opción A cubre la
opción D y se menciona en el pasaje.

45. B

La opción A es incorrecta. Las opciones C y D no se mencionan.

Preguntas prácticas Hoja de respuestas

	A	B	C	D	E			A	B	C	D	E
1	○	○	○	○	○	21		○	○	○	○	○
2	○	○	○	○	○	22		○	○	○	○	○
3	○	○	○	○	○	23		○	○	○	○	○
4	○	○	○	○	○							
5	○	○	○	○	○							
6	○	○	○	○	○							
7	○	○	○	○	○							
8	○	○	○	○	○							
9	○	○	○	○	○							
10	○	○	○	○	○							
11	○	○	○	○	○							
12	○	○	○	○	○							
13	○	○	○	○	○							
14	○	○	○	○	○							
15	○	○	○	○	○							
16	○	○	○	○	○							
17	○	○	○	○	○							
18	○	○	○	○	○							
19	○	○	○	○	○							
20	○	○	○	○	○							

Preguntas de Práctica de Domprensión

**Passage 1 - El uso de las redes sociales en la adolescencia se relaciona con la pobreza
Sueño, ansiedad.**

Fuente: [Por Agata Blaszczak-Boxe, publicado originalmente en Live Science, septiembre de 2015].

Según un nuevo estudio, la presión de estar disponible 24 horas al día, 7 días a la semana, en las redes sociales puede conducir a una peor calidad del sueño, así como a un mayor riesgo de depresión y ansiedad en los adolescentes. En el estudio, los investigadores preguntaron a 467 adolescentes de 11 a 17 años sobre su uso de las redes sociales durante el día y la noche. En otras pruebas, examinaron la calidad del sueño, la autoestima, la ansiedad y la depresión de los adolescentes.

También analizaron si los niños sentían la presión de estar disponibles en las redes sociales todo el tiempo y en qué medida.

Los investigadores descubrieron que el uso de las redes sociales en cualquier momento estaba significativamente relacionado con una menor calidad del sueño, una menor autoestima y un aumento de los niveles de depresión en los participantes en el estudio. Sin embargo, en lo que respecta a la calidad del sueño, "los que se conectan por la noche parecen verse especialmente afectados", señaló en un comunicado Heather Cleland Woods, autora del estudio y de la Universidad de Glasgow (Escocia). Una investigación presentada en 2011 en la reunión de la Asociación Americana de Psicología descubrió que un vínculo entre el uso de las redes sociales en adolescentes y rasgos relacionados con la esquizofrenia y la depresión. En otro estudio, publicado este año en la revista Cyber psychology, Behavior, and Social Networking, el uso frecuente de las redes sociales en adolescentes se relacionó con un mayor riesgo de mala salud mental. "Dado que la adolescencia es un periodo vulnerable para el desarrollo de problemas a largo plazo, es esencial que entendamos cómo se relaciona el uso de los medios sociales por parte de los adolescentes con" fmacútltoiprlees como la calidad del sueño y el riesgo de depresión, escribieron los investigadores en el nuevo estudio. Cleland Woods sugirió a las familias que utilizaran lo que ella denomina una "puesta de sol digital", para minimizar los posibles efectos negativos del uso de las redes sociales sobre el sueño y los sentimientos.

"Apaga los dispositivos y la luz azul, deja de consultar el correo electrónico y las redes sociales, y date tiempo para terminar el día", dice. "Dormir es importante, así que aparta el teléfono. " Aun así, Cleland Woods subrayó que el uso de las redes sociales en sí no es una actividad negativa. "Todos lo hacemos", dijo a Live Science. "Sin embargo, tenemos que pensar en cómo y cuándo estamos en línea".

1 ¿Cuál de las siguientes opciones resume mejor el punto de vista del autor?de vista en el pasaje?

    a. Una de las principales causas de enfermedades como la

       ansiedad, depresión y esquizofrenia son las
redes sociales.

    b. El uso diurno de las redes sociales es más seguro
que el nocturno.

    c. Se ha descubierto que el uso excesivo de las redes
sociales por parte de los adolescentes está
relacionado con la falta de sueño y una mala salud
mental.

    d. Los jóvenes deben evitar el uso de las redes sociales,
ya que puede afectar a sus creencias y causar problemas
psicológicos a largo plazo.

2. Al utilizar el término "ocaso digital", el autor se refiere a:

    a. Crear artificialmente un entorno más oscuro en casa

    b. Dormir antes de la puesta de sol

    c. Apagar la televisión

    d. Apagar todos los aparatos conectados a Internet y a las redes sociales.

3. ¿Cuál de los siguientes NO puede deducirse directamente del pasaje?

    a. La juventud experimenta la presión de estar disponible en las redes sociales la mayor parte del tiempo, lo que está causando depravación del sueño y ansiedad.

    b. Los jóvenes con presencia en línea por la noche se ven más afec- tados, en lo que respecta a la calidad del sueño.

    c. El riesgo de depresión, ansiedad y esquizofrenia aumenta con la falta de sueño.

    d. Las redes sociales en sí no son el problema. Sin embargo, un uso excesivo puede tener efectos adversos.

4. ¿Cuál de las siguientes opciones describe específicamente la palabra "adolescentes" utilizada en el pasaje?

    a. Menores de 25 años

    b. Pubescentes

    c. Adultos

    d. Niños menores de 12 años

Pasaje 2 - Viajeros frecuentes

Fuente: [Por A.W, publicado originalmente en The Economist, agosto de 2015].

Investigadores de la Universidad de Surrey, en Gran Bretaña, y de la Universidad Linnaeus, en Suecia, han publicado un nuevo estudio que pone de relieve lo que denominan "un lado más oscuro de la hipermovilidad". Los "hipermóviles" -en gran parte pero no exclusivamente viajeros de negocios- se han ganado un cierto caché en la sociedad contemporánea, con la mundanidad que parecen
de sus viajes y las envidiables publicaciones en las redes sociales que dejan a su paso. Pero, advierten los investigadores, "mientras que los aspectos de la glamourización en relación con la movilidad están omnipresentes en nuestras vidas, existe un ominoso silencio con respecto a su lado más oscuro".

El estudio, que sintetiza la investigación existente sobre la

efectos de los viajes frecuentes, encuentra tres tipos de consecuencias:
fisiológicas, psicológicas y emocionales, y sociales. Los fisiológicos son los más evidentes. El jet lag es la afección que mejor conocen los viajeros, aunque quizá no prevean algunos de sus efectos potenciales más graves, aunque menos frecuentes, como acelerar el envejecimiento

o aumentar el riesgo de infarto e ictus. También está el peligro de trombosis venosa profunda,

exposición a gérmenes y radiación: las personas que vuelan más de 85.000 millas al año (digamos, de Nueva York a Seattle y vuelta cada tres semanas, o de Nueva York a Tokio y vuelta siete veces) superan el límite reglamentario de exposición a la radiación.

Y por último, por supuesto, los viajeros de negocios tienden a hacer menos ejercicio y a comer de forma menos saludable que las personas que se quedan en su lugar de trabajo. El coste psicológico y emocional de los viajes de negocios es más abstracto, pero igual de real.

Los viajeros frecuentes sufren "desorientación del viaje" al cambiar de lugar y de zona horaria con tanta frecuencia. También sufren un estrés creciente, dado que "el tiempo dedicado a viajar rara vez se compensará con una reducción de la carga de trabajo, y que puede haber ansiedades asociadas a que el trabajo siga acumulándose (por ejemplo, 'sobrecarga de la bandeja de entrada') mientras se está fuera".

Debido a la ausencia de familiares y amigos, "la hipermovilidad es con frecuencia una experiencia aislante y solitaria", escriben los autores.

El impacto acumulado puede ser considerable. Un estudio sobre 10.000 empleados del Banco Mundial reveló que los que viajaban por negocios tenían tres veces más probabilidades de presentar reclamaciones al seguro psicológico. Por último, están los efectos sociales. Los matrimonios se resienten del tiempo de separación, al igual que el comportamiento de los niños. Además, las relaciones tienden a ser más desiguales, ya que el compañero que se queda en casa se ve obligado a asumir más tareas domésticas. Hay una disparidad de género en este aspecto, ya que la mayoría de los viajeros de negocios son hombres.
Las amistades también se deshilachan, ya que los viajeros de negocios suelen "sacrificar las actividades colectivas locales y, en su lugar, priorizan a sus familiares directos al regresar de sus viajes".

Por supuesto, estas repercusiones se ven mitigadas por el hecho de que recaen desproporcionadamente sobre un segmento de la población a l q u e ya le va bastante bien. La "élite móvil" suele tener ingresos más elevados y acceso a una atención sanitaria mejor que la

población en general. Según el estudio, en Suecia, el 3% de la población representa una cuarta parte de los viajes internacionales; en Francia, el 5% cubre la mitad de la distancia total recorrida por la población. Así pues, puede tratarse de problemas del 1% (o del 3%,

o el 5%). Pero, a pesar de todo, son reales. Por supuesto, siéntete celoso de las fotos de Instagram de comidas exóticas y atracciones lejanas de tus conocidos. Pero alberga también una pequeña dosis de preocupación.

5. ¿Cuál de las siguientes afirmaciones concluye mejor el pasaje?

a. La hipermovilidad tiene varias consecuencias negativas, por lo que hay que intentar evitar los viajes frecuentes.

b. Dado que el porcentaje de "élite móvil" es tan bajo, sus problemas no han sido del todo puestos de relieve por la me- dia.

c. El encanto de viajar con frecuencia ha calado tanto en nuestra sociedad que la gente apenas conoce los problemas a los que se enfrenta este pequeño porcentaje de "élite móvil".

d. Los viajeros frecuentes de larga distancia suelen tener muchos más problemas sociales y psicológicos que las personas asentadas en un solo lugar.

6.   ¿Cuál de los siguientes problemas NO está relacionado con hipermovilidad en el pasaje?

a.   Soledad

b.   Problemas de relación

c.   Efectos sociales

d.   Mortificación

7.¿Cuál de las siguientes enfermedades es más probable que padezcan los viajeros frecuentes de larga distancia?

>   a.   Fobia a la altura
>   b.   Enfermedades cardiovasculares
>   c.   Esquizofrenia
>   d.   Diabetes

8. ¿Por qué la sociedad envidia a los viajeros frecuentes?

>   a. Los viajeros frecuentes suelen visitar lugares atractivos y disfrutar de comidas exóticas.
>   b. La élite hipermóvil posee un caché en la sociedad.
>   c. Hay menos conciencia de los problemas a los que se enfrentan las personas hipermóviles.
>   d. Todas las anteriores.

Pasaje 3 - Generosidad
Fuente: [Por Terri Yablonsky, publicado
originalmente en Republican-American, septiembre de 2015].

Innumerables estudios han demostrado que la generosidad, tanto el voluntariado como las donaciones benéficas,
beneficia física y psicológicamente a jóvenes y mayores. "El voluntariado traslada a las personas al presente y distrae la mente del estrés y los problemas propios", afirma Stephen G. Post, director fundador del Centro de Humanidades Médicas.

"Muchos estudios demuestran que una de las mejores formas de afrontar las dificultades de la vida no es centrarse sólo en uno mismo, sino aprovechar la oportunidad para participar en sencillos actos de bondad". Los estudios demuestran que cuando las personas piensan en ayudar a los demás, activan una parte del cerebro llamada vía mesolímbica, responsable de los sentimientos de gratificación.

Ayudar a los demás libera sustancias químicas de la felicidad, como la dopamina, las endorfinas que bloquean las señales de dolor y la oxitocina, conocida como la hormona de la tranquilidad. Incluso el mero hecho de pensar de dar dinero a una organización benéfica concreta tiene este efecto en el cerebro, según demuestran las investigaciones.

La intuición nos dice que dar más a uno mismo es la mejor manera de ser feliz. Pero no es así, según Dan Ariely, profesor de economía del comportamiento y psicología de la Universidad de Duke. "Si uno es el destinatario de una buena acción, puede sentir una felicidad momentánea, pero su La felicidad a largo plazo es mayor si eres tú quien la da", afirma Ariely. Por ejemplo, si regalas a alguien una tarjeta regalo para un capuchino de Starbucks y esa noche le llamas y le preguntas si es feliz, la gente dice que no es más feliz que si no se la hubieras regalado. Si le das a otro grupo una tarjeta regalo y pídeles que se lo den a una persona al azar, cuando les llames

por la noche, esas personas son más felices. "La gente es más feliz cuando da, aunque sólo siga instrucciones", afirma Ariely. "Se atribuyen el mérito de dar y, por tanto, son más felices al final del día". La forma de dar también es importante, según Ariely.

Los impuestos son una forma de dar que no suele contentar a los estadounidenses. "Si das directamente de un sueldo, no le prestamos atención", dijo. "Lo que nos hace felices es la forma en que damos y cómo lo hacemos. La clave está en dar deliberada y reflexivamente, para que otras personas se beneficien de ello". La investigación lo corrobora, y los investigadores empezaron a partir de una base de igualdad de características físicas entre los participantes en el estudio, por lo que no se trataba de que las personas más sanas estuvieran más dispuestas a ofrecerse voluntarias.

9. ¿Cuál de las siguientes afirmaciones NO es cierta según el pasaje?

a. La gente se siente feliz aunque tenga que ser generosa para seguir las instrucciones.

b. La caridad beneficia física y psicológicamente a jóvenes y mayores.

c. Uno siente felicidad a largo plazo de un nivel más alto, si él / ella es un destinatario de la buena acción.

d. La forma en que damos y cómo damos es igual de importante para ser felices.

10. Pensar en ayudar a los demás activa la zona de la "vía mesolímbica" del cerebro. ¿Cuál de las siguientes opciones describe mejor los sentimientos generados por esta actividad?

a. Pobre
b. Restricción
c. Aversión
d. Cumplimiento

11. ¿Cuál de las siguientes se puede inferir del pasaje sobre las intuiciones?

a. Las intuiciones siempre son correctas

b. Las intuiciones siempre son erróneas

c. Las intuiciones no siempre son correctas

d. Ninguna de las anteriores

12. Según la investigación, ¿cuál de las siguientes ac- ¿se sentiría más feliz y gratificado?

a. Pago de cuotas e impuestos pendientes

b. Hacer regalos beneficiosos a los demás

c. Recibir lotes de regalos sorpresa

d. Comprar algo que se necesita con urgencia

13. ¿Cuál de las siguientes afirmaciones es VERDADERA según a la investigación compartida en el pasaje?

a. Las personas más sanas suelen estar más dispuestas al voluntariado que las físicamente débiles.

b. Los actos de bondad pueden ayudar a una persona a enfrentarse a las dificultades de la vida.

c. Ayudar a los demás genera cambios biológicos y químicos positivos en nuestro organismo.

d. Tanto b como c

Pasaje 4 - Conciliación de la vida laboral y familiar

En todo el mundo se busca el equilibrio entre trabajo y vida privada. El equilibrio entre trabajo y vida privada no consiste en dedicar el mismo tiempo al trabajo y a la vida privada. Sería poco realista y poco gratificante programar el mismo número de horas para ambos. Las actividades vitales deben tener prioridad sobre el trabajo en determinados casos. El concepto de equilibrio entre trabajo y vida personal apoya que los empleados repartan su tiempo, esfuerzo y energías entre los aspectos importantes de su vida y su trabajo.

La conciliación de la vida laboral y familiar varía con el tiempo en función de las exigencias diarias de la vida personal y laboral. El equilibrio que mejor se adapta hoy puede ser diferente al de mañana. Es un esfuerzo diario para dedicar tiempo a la familia, los amigos, la espiritualidad, el autocuidado y el crecimiento personal junto con las exigencias del trabajo. Este equilibrio también varía de una persona a otra, ya que cada una tiene sus propias prioridades y configuraciones vitales. Un equilibrio para un individuo soltero es diferente que para uno casado. La búsqueda del equilibrio entre trabajo y vida personal reduce el estrés de los empleados. Los empresarios pueden ayudar a los empleados a conciliar la vida laboral y familiar ofreciéndoles oportunidades como: políticas de tiempo libre remunerado, horarios de trabajo flexibles. De este modo, se crea un entorno de trabajo en el que los empleados están mentalmente relajados, rinden de forma extraordinaria y los resultados del crecimiento son productivos.

El núcleo de un equilibrio eficaz entre la vida laboral y personal está vinculado al "disfrute" y al "logro". El disfrute y el logro están relacionados como el anverso y el reverso de una moneda en la vida. Van juntos en la vida, ya que no se puede tener una moneda con una sola cara. Cuando uno intenta vivir una vida con una sola cara, acaba en el desfile de personas de éxito que no son "felices" con sus vidas. Centrarse en disfrutar y conseguir logros cada día nos ayudará a alcanzar ese equilibrio. El concepto es aspirar a conseguir algo "hoy" y disfrutar "hoy" para tener un buen día. Si lo hacemos todos los días, pronto tendremos una "vida" bastante buena. El "logro y disfrute diarios" tiene cuatro cuadrantes; si nos centramos en ellos, el equilibrio general entre trabajo y vida personal pueden alcanzarse. Estos son: Trabajo, Familia, Amigos y Uno Mismo. Si uno puede esforzarse por disfrutar y alcanzar estos cuatro aspectos "cada día", se mantiene el equilibrio entre la vida laboral y personal. Tanto los empresarios como los trabajadores pueden beneficiarse por igual de las opciones de conciliación de la vida laboral y familiar. Provoca estrés, absentismo y, en general, bajo rendimiento. Los estudios demuestran que el desequilibrio entre la vida laboral y personal está relacionado con enfermedades cardíacas, debilidad del sistema inmunitario, migrañas, dolor de cabeza, dolor de espalda, rigidez muscular, acné, depresión, nerviosismo, falta de concentración, olvidos, irritabilidad, fatiga, inseguridad y baja autoestima. Hay que tomar las riendas de la carrera profesional, los horarios y la vida personal, y luchar por lograr un equilibrio entre la vida

laboral y personal para lograr el bienestar general.

14. Según el autor, ¿cuál de las siguientes opciones describe mejor la conciliación de la vida laboral y familiar?

    a. La conciliación de la vida laboral y familiar consiste en dar prioridad a la vida personal y familiar.
sobre la vida profesional.

    b. El equilibrio entre trabajo y vida privada es la necesaria división de las 24 horas del día en trabajo Y vida personal.

    c. El equilibrio entre la vida laboral y personal es el arte de priorizar lo importante rasgos del trabajo y de la vida sin comprometer ninguno de los dos.

    d. El equilibrio de la vida laboral es la capacidad de fracasar y ser con- sistente al mismo tiempo.

15. ¿Cuál de las siguientes afirmaciones es VERDADERA según al pasaje?

a. Los empleados solteros suelen lograr un mejor equilibrio entre trabajo y vida privada en comparación con los casados.

b. El equilibrio entre la vida laboral y personal debe permanecer estático a lo largo de toda la carrera de una persona.

c. Uno debe esforzarse por conseguirlo "hoy" y disfrutarlo más tarde, después de convertirse en una persona de éxito.

d. Ninguna de las anteriores

16. ¿Cuál de los siguientes factores interviene en el cuadro sugerido para el logro y el disfrute diarios?

a. Mascotas

b. Amigos

c. Equipo

d. Jefe

17. Según el autor, ¿cuál de las siguientes opciones describe mejor los atributos relacionados con la conciliación eficaz de la vida laboral y familiar?

a. Deseo y satisfacción

b. Realización y placer

c. Éxito y fortuna

d. Fracaso y motivación

18. ¿Cuáles son los posibles beneficios de mantener la conciliación de la vida laboral y familiar? ¿equilibrio?

    a. Se pueden evitar diversos trastornos fisiológicos y psicológicos.

    b. Uno puede convertirse en una persona de éxito que es feliz con su vida.

    c. Uno puede hacer frente a las exigencias de la vida profesional, social y personal.

    d. Todas las anteriores.

Pasaje 5 Dieta paleolítica

Nuestra composición genómica actual es el resultado de una serie de acontecimientos evolutivos que tuvieron lugar desde el comienzo de la vida humana en este planeta. La forma humana que actualmente habita la Tierra ha sufrido múltiples cambios genéticos. modificaciones; estos acontecimientos evolutivos han tenido l u g a r en un entorno especial que se denomina "entorno evolutivo de adaptación (EEA. Este entorno no es un lugar o un momento concretos, sino más bien un entorno en el que una especie evoluciona. Por ejemplo, los humanos de una época evolucionan para adaptarse a los cambios del entorno; esto ayuda a su supervivencia en el entorno futuro. La hipótesis de la discordancia explica que en el pasado los cambios ambientales han sido tan rápidos que ha aparecido una disyunción entre el entorno anterior y el actual. Debido a este rápido cambio, nuestra genética no tuvo tiempo suficiente para adaptarse gradualmente. Esta inadecuada adaptación genética ha dado lugar a la aparición de muchas enfermedades, que se consideran "enfermedades de civilización". Enfermedades que ahora son comunes no aparecieron en nuestros antepasados.

Existe una importante relación entre alimentación y enfermedades. La revolución alimentaria y la industrialización tienen un impacto significativo en la dieta del ser humano actual. Hay una gran diferencia entre la dieta moderna y la paleolítica. La dieta paleolítica es la dieta de nuestros antepasados cazadores-recolectores. Los humanos paleolíticos empezaron a cultivar plantas y domesticar

animales para alimentarse. Su dieta consistía principalmente
en frutos secos, frutas, carne (animales terrestres y marinos)
y algunos insectos. Carecía de alimentos procesados. Si se
crea una pirámide alimentaria para la dieta paleolítica (de
arriba abajo), incluirá:

hidratos de carbono, grasas, trigo integral/granos, lácteos,
pescado, carne magra, verduras y frutas. El cambio en
nuestro patrón dietético es más drástico que nuestra
adaptación fisiológica y metabólica a estos cambios. Se
produce un desajuste que da lugar a múltiples problemas de
salud, como obesidad, cardiopatías, diabetes, cáncer de
colon, enfermedades pulmonares y problemas dentales.

Nuestros antepasados tenían la tensión arterial baja, es decir,
no eran hipertensos como muchos otros en la a c t u a l i d a d .
Tenían menos grasa corporal, mejor vista, huesos más
fuertes, menos fracturas y mejor tolerancia a la insulina que
el hombre actual. No morían de enfermedades de la
civilización. Se han realizado múltiples investigaciones que
demuestran que adoptando la dieta paleolítica se puede
mejorar la calidad de la salud. Los pacientes de diabetes y
enfermedades del corazón mostraron una mejora en el estado
de su enfermedad siguiendo los planes de la dieta paleolítica.
Muchas personas están intentando seguir planes de dieta
paleolítica para perder peso o mantener un peso corporal
saludable. Se sabe que la dieta paleolítica se adapta mejor a
nuestra genética y, por tanto, hace que las funciones corporales
funcionen de forma óptima.

**19.   ¿Cuál de los siguientes NO puede deducirse
directamente del
pasaje?**

 a.   La supervivencia de los seres humanos depende de
su capacidad adapt necesarias.

 b.   La hipertensión es una de las enfermedades de la
civilización.

 c.   Nuestros antepasados disfrutaban de mejores
condiciones de salud, ya qépoca.

 d.   La dieta paleolítica ayuda a gozar de mejor salud y a
evitar numerosas e

20. ¿Cuál o cuáles de las siguientes causas están relacionadas con los "trastornos de la civilización" según el pasaje?

> a. Adaptación genética inadecuada
>
> b. El smog en el entorno moderno
>
> c. Rápido ritmo de los cambios medioambientales
>
> d. Tanto A como C21

21. ¿Cuál de las siguientes opciones explica mejor la discordancia ¿hipótesis?

> a. La calidad de la dieta de una persona es directamente proporcional a su salud.
>
> b. Los cambios ambientales provocaron incoherencias genéticas que dieron lugar a diversas enfermedades.
>
> c. La evolución medioambiental de una sociedad depende de su evolución biológica.
>
> d. Las enfermedades de la civilización moderna se han heredado

a través de los genes de nuestros antepasados.

22. Según el pasaje, ¿cuál de los siguientes es ¿NO es correcto sobre la dieta paleolítica?

> a. La dieta paleolítica es el resultado de la revolución alimentaria
>
> b. La dieta paleolítica adoptada por nuestros antepasados incluía grasas
>
> c. Las enfermedades cardiovasculares pueden controlarse siguiendo la dieta paleolítica
>
> d. La dieta paleolítica se adapta a nuestros genes de forma natural

Clave de Respuestas

1. C

La opción A es incorrecta porque no puede deducirse directamente del pasaje, las opciones B y D están implícitas en el pasaje pero no resumen el mensaje completo transmitido en el pasaje. La opción C es la que mejor resume el estudio y los hechos del pasaje.

2. D

El "ocaso digital" se ha relacionado con la desconexión de todas las aplicaciones en línea/medios sociales y con guardar los teléfonos móviles. La opción D es la respuesta correcta.

3. C

Las opciones A, B y D se mencionan directamente en el pasaje. Sin embargo, la opción C no se ha discutido tal cual. La depresión, la ansiedad y la esquizofrenia se han relacionado con el uso excesivo de las redes sociales por parte de los jóvenes, y se ha afirmado que la falta de sueño se debe a la presencia en línea por la noche.

Sin embargo, no se han relacionado directamente con la deficiencia de
dormir en el pasadizo.

4. B

Los adolescentes son jóvenes que atraviesan el proceso de convertirse de niños en adultos. Las opciones C y D son incorrectas. La opción A es demasiado genérica. La respuesta correcta es la opción C (Pubescentes es el sinónimo).

5. D

La opción A es incorrecta, ya que el pasaje no sugiere evitar los viajes frecuentes. Las opciones B y D no concluyen directamente el pasaje. Por lo tanto, la respuesta correcta es la opción C, que concluye claramente el mensaje transmitido en el pasaje.

6. D

Las opciones A, B y C se relacionan en el pasaje con los viajes frecuentes. Mortificación indica humillación a la que no se enfrentan las personas hipermóviles.

7. B

Según el pasaje, uno de los problemas fisiológicos asociados a los viajeros frecuentes de larga distancia es el "Jet-Lag", que aumenta el riesgo de infarto de miocardio y accidente cerebrovascular. Por lo tanto, la opción B es la correcta. Las opciones A, C y D son incorrectas porque no están relacionadas con los viajes.

8. D

Todas las opciones A, B y C están implícitas en el pasaje. El público en general fantasea con viajar con frecuencia y ser hipermóvil debido a las oportunidades turísticas, las comidas exóticas y la falta de conocimiento sobre el "lado más oscuro" de ser hipermóvil.

9. C

Las opciones A, B y D han sido consideradas verdaderas en el pasaje. La opción C es falsa, ya que la felicidad a largo plazo es mayor si uno es el que da y no el que recibe. Por lo tanto, la opción C es la respuesta correcta.

10. D

Los estudios demuestran que cuando las personas piensan en ayudar a los demás, activan una parte del cerebro llamada vía mesolímbica, responsable de los sentimientos de "gratificación". El mejor sinónimo de gratificación es la opción D, satisfacción.

11. C

Según el pasaje: La intuición nos dice que dar más a uno mismo es la mejor manera de ser feliz, pero NO es así. Un estudio revela que la gente es más feliz cuando da a los demás. Por lo tanto, la intuición es incorrecta en este caso y la opción A no es la respuesta correcta. Dicho esto, un caso no basta para deducir que todas las intuiciones son incorrectas, por lo que la opción B también es incorrecta. La opción C es la más segura para deducir de este escenario que las intuiciones pueden o no ser correctas.

12. B

Los estudios sugieren que la verdadera felicidad se alcanza cuando uno da a los demás en lugar de recibir. Las opciones C y C son incorrectas. La opción A es incorrecta, ya que en el pasaje se dice que pagar facturas e impuestos es un tipo de dar, que no suele hacer feliz a la gente. La opción B es la respuesta correcta.

13. D

La opción A es incorrecta, ya que el estudio concluyó que los resultados eran independientes de las características físicas.
Las opciones B y C se discuten en el pasaje como afirmaciones verdaderas.

14. C

La opción A es incorrecta, ya que la conciliación de la vida laboral y familiar no sugiere un compromiso con la vida profesional. Se discute la opción B
como incorrecta en el pasaje. La opción D también es incorrecta y no se menciona en el pasaje. La opción C es la definición correcta de conciliación de la vida laboral y familiar.

15. D

La opción A es incorrecta porque el equilibrio entre vida laboral y familiar varía según el estatus. Si se mantiene, las personas solteras y no casadas pueden conseguirlo. La opción B es incorrecta porque el equilibrio entre vida laboral y personal debe cambiar continuamente en función de las prioridades.
La opción C es incorrecta porque hay que intentar conseguir logros y disfrutar al mismo tiempo.

16. B

El cuadrante para el logro y el disfrute diarios incluye:
Trabajo, Yo, Familia y Amigos. La opción B es correcta.

17. B

Según el pasaje, dos factores relacionados con la conciliación eficaz de la vida laboral y personal son el "logro" y el "disfrute". La opción B representa los mejores sinónimos de estos 2 factores. Todas las demás opciones son incorrectas.

18. D

Las opciones A, B y C se mencionan en el pasaje como ventajas de mantener el equilibrio entre la vida laboral y personal. La opción D es la respuesta correcta.

19. B

La opción A se menciona en la parte inicial del pasaje, las opciones C y D también se discuten más adelante en el pasaje. La opción B es la respuesta correcta, ya que no puede deducirse del pasaje, puesto que la razón de las mejores condiciones de salud de los antepasados ha sido el uso de la dieta paleolítica, que les ayudó a adaptarse al entorno y evitar enfermedades.

20. D

Según el pasaje, los cambios medioambientales han sido rápidos en el pasado, lo que no ha permitido a los seres humanos adaptarse en consecuencia, esto dio lugar a una disyunción entre el medio ambiente actual y el pasado, y los seres humanos se enfrentaron a una adaptación genética inadecuada. Estos factores condujeron a las enfermedades de la civilización. Las opciones A y C son correctas. La opción B no se menciona en el pasaje.

21. B

La opción A no está relacionada con la hipótesis de la discordancia, aunque es cierta. La opción B explica correctamente el término en el que los rápidos cambios ambientales no permitieron a los humanos adaptarse genéticamente y, por tanto, desarrollaron enfermedades de la civilización. Las opciones C y D son ambas erróneas y no son ciertas.

22. A

La opción A es incorrecta, ya que es la opuesta, donde la revolución de los alimentos ha perdido el uso de los alimentos naturales. La dieta paleolítica y los alimentos procesados se han convertido en algo común. Todas las demás opciones son ciertas en cuanto a la dieta paleolítica según el pasaje.

Cómo Prepararse para un Examen

LA MAYORÍA DE LOS ESTUDIANTES ESCONDEN LA CABEZA Y POSPONEN LA PREPARACIÓN DE UN EXAMEN, CON LA ESPERANZA DE QUE, DE ALGÚN MODO, SE LIBRARÁN DE LA AGONÍA, ESPECIALMENTE SI SE TRATA DE UN EXAMEN IMPORTANTE. UNO DEL QUE DEPENDE SU FUTURO. Evitar un examen es lo que muchos Los estudiantes son los que mejor lo hacen y, por desgracia, sufren las consecuencias de su falta de preparación.

La preparación de exámenes requiere estrategia y dedicación. Es el entrenamiento perfecto para la vida profesional. Además de contar con varias estrategias fiables, los estudiantes de éxito también tienen un objetivo claro y saben cómo alcanzarlo. Estos conceptos de eficacia probada han dado buenos resultados y te facilitarán la preparación de los exámenes.

El enfoque del estudio

Asume la responsabilidad de tu propia preparación para el examen.

Es un error común, pero grave, vincular tus estudios a los de otra persona. Los compañeros de estudio son estupendos, pero sólo si son de fiar. Es tu trabajo estar preparado para el examen, incluso si un compañero de estudio te falla. No permitas que otros te distraigan de tus objetivos.

Priorizar el tiempo disponible para estudiar

¿Cuándo aprende mejor, a primera hora del día o por la noche? ¿Su mente absorbe y retiene la información de forma más eficaz en pequeños bloques de tiempo, o necesita largos periodos para rendir al máximo? Es importante averiguar cuáles son los mejores b l o q u e s de tiempo de que dispone para ser más productivo. Intente consolidar actividades para disponer de periodos de estudio más largos.

Busque un lugar tranquilo donde no le molesten

 No intente dedicar tiempo al estudio de calidad en cualquier sitio. Busca un lugar tranquilo con un mínimo de distracciones, como la biblioteca, un parque o incluso la lavandería. Una buena iluminación es esencial, y necesitas asientos cómodos y una superficie de escritorio lo suficientemente grande para colocar tus materiales. Probablemente no sea una buena idea estudiar en el dormitorio. La ropa en el suelo, el libro que quieres leer, el teléfono u otras cosas pueden distraerte. Además, en mitad del estudio, la cama empezará a parecerte muy cómoda. Haga lo que haga, evite utilizar la cama como lugar de estudio, ¡podría quedarse dormido y evitar estudiar!

La excepción son las tarjetas. El tiempo de estudio más productivo es, con diferencia, sentarse a estudiar y estudiar. Sin embargo, con las flashcards puedes llevarlas contigo y aprovechar los momentos extraños, como hacer cola o esperar el autobús. No es tan productivo, pero ayuda mucho y merece la pena.

Determine qué necesita estudiar

Reúne tus libros, tus apuntes, tu portátil y cualquier otro material necesario para centrarte en el estudio de este examen. Asegúrate de tener todo lo necesario para no perder tiempo. Recuerda papel, lápices y gomas de borrar, notas adhesivas, agua embotellada y un tentempié. Lleva el teléfono contigo si lo necesitas para encontrar información esencial, pero mantenlo apagado para que los demás no puedan distraerte.

Tener una actitud positiva

Es esencial que afrontes tus estudios para el examen con una actitud que te diga que lo aprobarás. Y aprobarlo con nota. Esta es una de las claves más importantes para estudiar con éxito. Creer que eres capaz te ayuda a ser capaz.

La estrategia de estudiar

Repasar los apuntes de clase

Mantente al día de los apuntes y tareas de clase repasándolos con frecuencia y con regularidad. Volver a escribir los apuntes puede ser un truco de estudio estupendo, ya que ayuda a fijar la información. Presta especial atención a los comentarios que haya hecho el profesor. Si se ha facilitado una guía de estudio como parte de los materiales de clase, ¡utilízala! Será una valiosa herramienta de estudio.

Calcule cuánto tiempo necesitará

Si te preocupa de cuánto tiempo dispones, es una buena idea establecer un horario para que no te atasques en una sección y termines sin tiempo suficiente para estudiar otras cosas. Acuérdate de programar descansos y aprovecha ese tiempo para hacer un poco de ejercicio u otras técnicas para reducir el estrés.

Ponte a prueba para determinar tus puntos débiles

Busca en Internet otras herramientas de evaluación disponibles, como preguntas de práctica para una asignatura concreta. Visita nuestro sitio web https://www.test-preparation.ca para obtener consejos sobre el examen y más preguntas de práctica. Una vez que hayas determinado cuáles son tus puntos débiles, puedes centrarte en ellos y repasar las demás áreas del examen.

Preparación mental: cómo mentalizarse para un examen

Dado que los exámenes son a menudo un factor importante para la nota final o la admisión en un programa, es comprensible que para muchos estudiantes resulte estresante hacerlos. Incluso los estudiantes que saben que han aprendido el material necesario se quedan en blanco mientras miran fijamente el cuadernillo del examen. Puedes evitar la ansiedad ante los exámenes preparándote mentalmente. Una forma fácil de superar esa ansiedad es prepararse mentalmente para el examen con unas sencillas técnicas.

No posponer las cosas

Estudia el material para el examen cuando esté disponible y continúa repasándolo hasta el día del examen. Si esperas hasta el último momento e intentas empollar para el examen la noche anterior, aumentarás la ansiedad. Esto conduce a una autoconversación negativa, que se autoalimenta. Decirse a uno mismo "No puedo aprender esto. Voy a suspender" es un indicio bastante seguro de que tienes razón.

Habla positiva de ti mismo.

La autoconversación positiva ahoga la negativa y aumenta tu nivel de confianza. Cuando empieces a sentirte agobiado o ansioso por el examen, recuérdate a ti mismo que has estudiado lo suficiente, que conoces el material y que aprobarás el examen. Tanto la autoconversación negativa como la positiva son en realidad fantasías tuyas, así que ¿por qué no eliges ser un ganador?

No te compares con los demás.

No te compares con otros estudiantes. Concéntrate en tus puntos fuertes y débiles y prepárate en consecuencia. Independientemente de cómo rindan los demás, tu rendimiento es el único que afecta a tu nota. Compararse con los demás aumenta la ansiedad y la negatividad antes del examen.

Visualiza.

Imagínate haciendo el examen. Conoces las respuestas y te sientes relajado. Visualiza que te va bien en el examen y que no tienes problemas con el material. Las visualizaciones pueden aumentar tu confianza y disminuir la ansiedad que podrías sentir antes del examen. En lugar de pensar que se trata de un examen, considéralo una oportunidad para demostrar lo que has aprendido.

Evita la negatividad.

La preocupación es contagiosa y viral: una vez que empieza, se a c u m u l a . Córtala antes de que se convierta en un problema. Incluso si estás relajado y seguro de ti mismo, estar cerca de compañeros ansiosos y preocupados puede hacer que empieces a sentirte ansioso. Antes del e x a m e n , no prestes atención a los temores de tus compañeros. Sentirse ansioso y preocupado antes de un examen es normal, y todos los estudiantes experimentan esos sentimientos en algún momento. Pero no puedes permitir que estos sentimientos interfieran en tu rendimiento. Practicar técnicas de preparación mental y recordar que el examen no es la única medida de tu rendimiento académico aliviará tu ansiedad y garantizará que rindas al máximo.

Cómo Hacer un Examen

Todo el mundo sabe que hacer un examen es estresante. ¡No tiene por qué ser tan malo! Hay algunas cosas sencillas que puedes hacer para aumentar tu puntuación en cualquier tipo de examen. Echa un vistazo a estos consejos y piensa cómo puedes incorporarlos a tu tiempo de estudio.

Bien, ya estás en la sala de pruebas. Esto es lo que tienes que hacer.

Leer las instrucciones

Este es el punto más básico, pero uno que, sorprendentemente, muchos estudiantes ignoran, ¡y cuesta muy caro! Puesto que leer las instrucciones es uno de los errores más comunes y 100% evitables, dedicamos una sección entera a la lectura de instrucciones.

Fíjate bien en los ejemplos de preguntas. Casi todos los exámenes estandarizados ofrecen ejemplos de preguntas, acompañadas de sus correspondientes soluciones. Repásalas para asegurarte de que entiendes lo que significan y cómo han llegado a la respuesta correcta. No tengas miedo de pedir ayuda al supervisor del examen si hay algún ejemplo que te confunda o alguna instrucción de la que no estés seguro.

Consejos para leer la pregunta

Podríamos escribir páginas y páginas de consejos sólo sobre la lectura de las preguntas del examen. Aquí tienes algunos de los que más te ayudarán.

- **Piensa primero.** Antes de buscar la respuesta, lee la pregunta y piensa en ella. Lo mejor es intentar dar con la respuesta correcta antes de mirar las opciones. De este modo, cuando el redactor del examen intente engañarte con una respuesta aproximada, no caerás en la trampa.

- Hazla verdadera o falsa. Si una pregunta te
    confunde,
A continuación, mira cada opción de respuesta y
piensa que es una pregunta de "verdadero" "falso".
Selecciona la que parezca más probable que sea
"verdadera".

- **Marca la pregunta.** No tengas miedo de marcar
en el cuadernillo del examen. A menos que se le
indique específicamente que no marque en el
cuadernillo, utilícelo a su favor.

- **Rodea las palabras clave.** Mientras lees la
pregunta, subraya o encierra en un círculo las palabras
clave. Esto te ayudará a centrarte en la información
más importante para resolver el problema. Por
ejemplo, si la pregunta dijera: "¿Cuál de estos no es
sinónimo de enorme?". Rodea con un círculo
"no", "sinónimo" y "enorme". Así se despeja el
embotellamiento y se puede centrar la atención en lo
importante.

- **Subraya siempre estas palabras:** todos, ninguno,
siempre, nunca, la mayoría, mejor, verdadero, falso y
excepto.

- **Eliminar. La** eliminación es la mejor estrategia para
las respuestas *y* preguntas de varias opciones. Si las
preguntas largas te confunden, tacha todo lo que
c o n s i d e r e s irrelevante, obviamente erróneo o la
información que creas que se ofrece para distraerte. La
eliminación es la estrategia más valiosa.

- **No intentes leer entre líneas.** Por lo general, las
preguntas están redactadas de forma sencilla, sin
ningún significado profundo. Por lo general, la
respuesta más sencilla es la correcta. No analices
demasiado.

Cómo hacer un examen - Aspectos básicos

Algunas secciones del examen están diseñadas para evaluar su capacidad de captar rápidamente la información necesaria; en este tipo de examen la velocidad es una prioridad. Otras se centran más en la profundidad y precisión de tus

conocimientos. Cuando empieces una nueva sección del examen, échale un vistazo para determinar si la

el examen es de velocidad o de precisión. Si la prueba es de velocidad (muchas preguntas y poco tiempo), tu estrategia está clara: responde al mayor número de preguntas lo antes posible.

El CAAT NO penaliza las respuestas erróneas, así que si todo lo demás falla, adivine y asegúrese de responder a todas las preguntas.

Todo ayuda

El CAAT permite el uso de calculadoras personales. No se puede llevar ningún otro material a la sala de examen. Se le proporcionará papel de borrador y un bolígrafo. Utilícelos.

Haz del tiempo tu amigo

Calcule su tiempo desde el principio hasta el final, y cúmplalo. El tiempo para cada sección se incluirá en las instrucciones.

No mire el reloj

En el mejor de los casos, hacer un examen importante es una situación incómoda. Si eres como la mayoría de la gente, puedes sentir la tentación de distraerte inconscientemente de la tarea que tienes entre manos. Una

Una de las formas más comunes es obsesionarse con el reloj de pared. No mire el reloj. Quíteselo y colóquelo en la esquina superior de su escritorio, lo suficientemente lejos como para no tener la tentación de mirarlo cada dos minutos. Mejor aún, dale la vuelta al reloj. Así, cada vez que intente echar un vistazo, se acordará de que debe volver a centrar su atención en la tarea que tiene entre manos. Permítase consultar su reloj o el reloj de pared después de terminar cada sección. Concéntrate en responder a las preguntas, no en cuántos minutos han pasado desde la última vez que lo miraste.

Divide y vencerás

¿Qué debe hacer cuando se encuentra con una pregunta tan complicada que ni siquiera está seguro de lo que se le pregunta? Como hemos sugerido, la primera vez, sáltese la pregunta. En algún momento tendrá que volver a ella y controlarla. La mejor manera de manejar las preguntas que te dejan tan ansioso que apenas puedes pensar es dividirlas en trozos manejables. Resolver trozos más pequeños siempre es más fácil. Si se trata de preguntas complicadas, divídelas en trozos pequeños y resuélvelos por separado. Una vez que entiendas lo que realmente dicen las secciones reducidas, te r e s u l t a r á mucho más fácil unirlas y entender la pregunta más grande. Puede que esto no funcione con todas las preguntas: más adelante te explicamos cómo resolver las preguntas que no puedes dividir.

Razona las preguntas más difíciles

Si ves que una pregunta es tan densa que no sabes cómo dividirla en trozos más pequeños, hay algunas estrategias que pueden ayudarte. En primer lugar, vuelve a leer la pregunta y busca pistas. ¿Puedes reformular la pregunta de una o varias maneras diferentes? Esto puede darte pistas. Busca palabras que puedan funcionar como verbos o como sustantivos e intenta averiguar lo que se pregunta a partir de la estructura de la frase. Recuerda que muchos sustantivos en inglés tienen varios significados. Aunque algunos de esos significados pueden estar relacionados, a veces son completamente distintos. Si leer la frase de una manera no tiene sentido, considera una definición o significado diferente para una palabra clave.

La verdad es que no siempre es necesario entender una pregunta para llegar a una respuesta correcta. La estrategia más eficaz para la elección múltiple es la eliminación. Con frecuencia, al menos una respuesta es claramente incorrecta y puede tacharse de la lista de posibles respuestas correctas. A continuación, examine las respuestas restantes y elimine las que sólo sean parcialmente ciertas. Puede que de vez en cuando tengas que adivinar, pero el proceso de eliminación te ayudará a llegar a la respuesta correcta la mayoría de las veces, ¡incluso cuando no sepas lo que quiere decir la pregunta!

No salir antes de tiempo

Utilice todo el tiempo que se le haya asignado, aunque esté impaciente por salir de la sala de examen. Una vez que haya terminado, dedique el tiempo restante a revisar sus respuestas. Vuelve a las preguntas que te hayan resultado más difíciles y repasa tu respuesta. Otra buena forma de aprovechar este tiempo es volver a las preguntas de opción múltiple en las que rellenaste una burbuja. Haz una comprobación al azar, revisando cada quinta o sexta pregunta para asegurarte de que tu respuesta coincide con la burbuja que rellenaste. Es una buena forma de descubrir si te has equivocado, si te has saltado una pregunta y, por lo tanto, si has puesto todas las respuestas en las preguntas equivocadas.

Conviértete en un súper detective y busca errores por descuido. Busca preguntas con dobles negaciones u otras expresiones extrañas; podrían ser un intento de despistarte. Los errores por descuido pueden deberse a que, al hojear una pregunta, se te escapa una palabra clave. Palabras como "siempre", "nunca", "algunas veces", "rara vez" y otras similares pueden ser un buen indicio de la respuesta que realmente busca la pregunta. No pierdas puntos por descuidarte.

He aquí otro consejo estupendo. Es probable que, por mucho que te esfuerces, haya un puñado de preguntas de las que no estés seguro. Tenlas en cuenta mientras lees el resto del examen. Si no puedes responder a una pregunta, repasar el examen para encontrar otra pregunta que aborde el mismo tema puede darte pistas.

Sabemos que hacer el examen ha sido estresante y que apenas puedes esperar a escapar. Salir antes de comprobar todo lo posible puede ser un rápido viaje al desastre. Tomarte unos minutos extra puede marcar la diferencia entre sacar una mala nota o una excelente. Además, habrá mucho tiempo para relajarse y celebrarlo después de entregar el examen.

En la sala de pruebas - ¡Lo que DEBE hacer!

Si eres como el resto del mundo, no hay casi nada que prefieras evitar que hacer un examen. Por desgracia, no es una opción si quieres aprobar. En lugar de sufrir, considera algunos ajustes de actitud que pueden hacer que la experiencia pase de ser horrible a... bueno, ¡interesante! Echa un vistazo a estos consejos. El simple hecho de cambiar tu percepción de la experiencia puede cambiar la experiencia en sí.

Tienes que hacer el examen, eso no lo puedes cambiar. Lo que sí puedes cambiar, y lo único que puedes cambiar, es tu actitud.

Ponte de humor

Tras semanas de estudio, por fin ha llegado el gran día. Lo peor que puede hacer es llegar al lugar del examen frustrado, preocupado y ansioso. Controla tu estado emocional. Si tus emociones son inestables antes de un examen, puede influir en tus resultados. Es muy importante que te animes, que creas en ti mismo y que utilices esa confianza para animarte.

No luches contra la realidad

A los estudiantes les suelen molestar los exámenes, y con razón. Al fin y al cabo,

Muchas personas no hacen bien los exámenes y saben que la nota con la que acaban no refleja fielmente sus verdaderos conocimientos. Es fácil sentirse resentido porque los exámenes clasifican a los alumnos y crean categorías que no parecen justas. Reconócelo: Los estudiantes a los que se les da bien memorizar y no son tan buenos analizando el material a menudo sacan mejores notas que los que son más creativos y se resisten a memorizar datos concretos. Puede que no sea justo, pero así es. El conformismo es una ventaja en los exámenes, y la creatividad suele ser una desventaja. No tiene sentido perder el tiempo o la energía enfadándose por esta realidad. El primer paso es aceptar la realidad y acostumbrarse a ella. Sacarás mejores notas cuando te des cuenta de que los exámenes cuentan y de que debes esforzarte al máximo. Piensa en tu futuro y en la carrera que te será más fácil conseguir si obtienes notas altas de forma constante. Evita la en- ergía negativa y céntrate en todo aquello que eleve tu entusiasmo y aumente tu motivación.

Llegue con tiempo suficiente para relajarse

Si está tenso, asustado, ansioso o tiene prisa, le costará caro. Llega pronto a la sala de examen y relájate antes de entrar. Así, cuando empiece el examen, estarás cómodo y preparado para aplicarte. Por supuesto, no debes llegar tan pronto que seas el único allí. Eso no te ayudará a relajarte; sólo te dará demasiado tiempo para estar allí sentado, preocuparte y volver a agobiarte.

Si puede, visite la sala donde se examinará unos días antes. Tener una imagen visual de la sala puede ser sorprendentemente tranquilizador, porque elimina una de las grandes "incógnitas". No sólo eso, sino que, una vez visitada, sabrá cómo llegar y no le preocupará perderse. Además, conducir una vez hasta el lugar de la prueba le permite saber cuánto tiempo debe prever para el viaje. Así se eliminan de un plumazo tres posibles factores de estrés.

Póngalo por escrito

Una de las ventajas de llegar pronto es que te da tiempo para volver a tomar notas. Si pasas mucho tiempo preocupándote por si serás capaz de recordar información como los nombres, fechas, lugares y fórmulas matemáticas, hay una solución para eso. A menos que el examen te permita utilizar tus libros y apuntes (y muy pocos lo hacen), tendrás que confiar en tu memoria. Si llegas pronto, tendrás tiempo de echar mano de tu memoria y anotar la información clave que te preguntarán. Asegúrese de que le permiten tomar notas una vez en el lugar del examen; no todos los lugares lo permiten. Cuando reciba el examen, escriba en un papelito todo lo que teme olvidar. Te llevará uno o dos minutos, pero al volcar tus preocupaciones en la hoja habrás eliminado eficazmente cierta dosis de ansiedad y alejado el pánico que sientes.

Póngase cómodo en su silla

He aquí una técnica inteligente que libera el estrés físico y le ayuda a sentirse cómodo, incluso relajado en su cuerpo. Vas a tensar y mantener tensos cada uno de tus músculos durante sólo unos segundos. El truco está en que debes tensarlos con fuerza para que la técnica funcione. Es posible que quieras practicar esta técnica varias veces en casa; después de todo, no querrás que una técnica desconocida aumente tu estrés justo antes de un examen. Una vez en el lugar del examen, este ejercicio siempre se puede hacer en la sala de descanso o en otro lugar tranquilo.

Empiece por los músculos de la cara y vaya bajando por el cuerpo. Tensa, aprieta y mantén los músculos tensos durante un momento o dos. Observe la sensación de cada músculo a medida que desciende por el cuerpo. Frunce el ceño para tensar la frente, tira de la barbilla para tensar el cuello. Aprieta los hombros para tensar la espalda. Contrae el estómago hasta las costillas, tensa la zona lumbar y estira los dedos. Tensa los músculos de las piernas y las pantorrillas y estira los pies y los dedos. Todo el cuerpo debe estar rígido como una tabla.

Ahora relaje los músculos a la inversa, empezando por los dedos de los pies. Observe cómo se sienten todos los músculos a medida que los relaja uno a uno. Una vez que haya relajado un músculo o grupo de músculos, deje que permanezcan relajados a medida que asciende por el cuerpo. Concéntrate en cómo te sientes a medida que la tensión va desapareciendo. Empiece a respirar profundamente cuando llegue a los músculos del pecho. Cuando hayas encontrado tu silla, estarás tan relajado que te sentirás feliz.

Lucha contra la distracción

Unos pocos afortunados son capaces de concentrarse a fondo cuando se presentan a un examen importante, pero la mayoría de las personas se distraen con facilidad, probablemente porque preferirían estar en cualquier otro lugar. Hay varias cosas que puedes hacer para protegerte de las distracciones.

Aléjate de las ventanas.

Si te sientas cerca de una ventana estás añadiendo una distracción innecesaria.

Elija un asiento alejado del pasillo para no distraerse con la gente que sale antes. Las personas que abandonan la sala de examen antes de tiempo suelen ser las que suspenden. No compare su tiempo con el de ellos.

Claro que quieres a tus amigos, por eso son tus amigos. En la sala de pruebas, sin embargo, deben convertirse en completos extraños dentro de tu mente. Olvídate de ellos. El primer paso es distanciarte físicamente de tus amigos o compañeros de clase. De este modo, no tendrás la tentación de mirarles para ver cómo van, y no habrá posibilidad de contacto visual que pueda distraerte o incluso llevar a una acusación de hacer trampas. Además, si ellos se sienten estresados porque no han dedicado el tiempo que tú has dedicado a estudiar, es menos probable que su ansiedad impregne la calma que tanto te ha costado conseguir.

Por supuesto, elija un asiento en el que haya suficiente luz. No hay nada peor que intentar hacer un examen importante bajo luces parpadeantes o bombillas tenues.

Pide al profesor o al tutor que cierre la puerta si hay mucho ruido en el exterior. Si el profesor o el vigilante no pueden hacerlo, bloquee el ruido lo mejor que pueda. No dejes que nada te moleste.

El CAAT no permite ningún objeto personal en la sala de examen. Come proteínas, hidratos de carbono complejos y un poco de grasa para sentirte saciado y recargarte de energía. No hay nada peor que una bajada repentina de azúcar en sangre durante un examen.

No permita que le distraiga el frío o el calor. Independientemente del tiempo que haga fuera, lleva un jersey, bufanda o chaqueta si el aire acondicionado del lugar de la prueba está demasiado alto o la calefacción demasiado baja. Del mismo modo, vístase con ropa de abrigo para estar preparado para un amplio abanico de temperaturas.

Ver Cafeína

Beber un litro de café o engullir unas cuantas bebidas energéticas puede parecer una gran idea, pero en realidad es muy mala. La cafeína, las píldoras energéticas u otras fuentes artificiales de energía tienen más probabilidades de hacerte sentir acelerado y agotado. Puede que tu cerebro funcione, pero lo más probable es que no lo haga por el camino correcto. Además, tomar café o bebidas energéticas te obligará a ir a menudo al baño.
a la sala de descanso. Esto le quitará tiempo para responder a las preguntas y es una distracción en sí misma, ya que cada vez que tenga que salir de la habitación perderá la concentración. Las pastillas estimulantes sólo harán que te resulte más difícil pensar con claridad a la hora de resolver problemas complicados.

Al mismo tiempo, si tu problema es la ansiedad, intenta evitar el uso de tranquilizantes durante la época de exámenes. Incluso los ansiolíticos recetados médicamente pueden hacer que estés menos alerta e incluso disminuir tu motivación. La motivación es lo que necesitas para superar un examen. Si tu ansiedad es tan grave que amenaza con interferir en tu capacidad para hacer un examen, habla con tu médico y pídele documentación. Muchos centros de examen permiten la utilización de aulas de examen sin distracciones, la ampliación del tiempo de examen y otras adaptaciones con un justificante médico.
Se pone a disposición de los interesados una nota de la Comisión en la que se explica la situación.

Sigue respirando

Puede que no tenga mucho sentido, pero cuando las personas se ponen ansiosas, tensas o asustadas, su respiración se vuelve superficial y, a veces, ¡dejan de respirar por completo! Presta atención a tus emociones y, cuando te sientas preocupado, concéntrate en tu respiración. Tómate un momento para recordarte que debes respirar profunda y regularmente. Respirar hondo y con regularidad energetiza el cuerpo. Cuando sigas respirando profundamente notarás que exhalas toda la tensión.

Si sientes que lo necesitas, intenta ensayar la respiración en casa. Con la práctica continuada de esta técnica de relajación, empezará a conocer los músculos que se tensan bajo presión. Llámalos tus "músculos señal". Son los que primero le hablarán, rogándole que se relaje. Tómese su tiempo para escucharlos y haga lo que le piden. Con un poco de práctica respiratoria, adquirirás el hábito de controlarte con regularidad y, cuando te des cuenta de que estás tenso, la relajación se convertirá en un juego de niños.

Evitar la ansiedad antes de un examen

Gestione su tiempo con eficacia

Esta es la clave de su éxito. Necesitas bloques de tiempo sin interrupciones para estudiar todo el material pertinente. Crear y mantener un horario te ayudará a mantenerte en el buen camino y recordará a tus familiares y amigos que no estás disponible. Bajo ninguna circunstancia debe cambiar sus bloques de tiempo de estudio para acomodar a otra persona, o cancelar una sesión de estudio para hacer algo más divertido. No interfieras en tu tiempo de estudio por ningún motivo.

Relájese

Utiliza lo que mejor te funcione para aliviar el estrés. A algunas personas les gusta estirarse y relajarse con el yoga, a otras les resulta útil expresarse a través de un diario. Algunos se tiran al suelo para hacer abdominales o planchas, y otros dan un lento paseo por el jardín. Integra un poco de tiempo de relajación en tu agenda y considéralo sagrado.

Come sano

En lugar de recurrir a las patatas fritas y el chocolate, las frutas y verduras frescas no sólo son deliciosas, sino que ofrecen beneficios nutricionales que ayudan a aliviar el estrés. Algunos alimentos aceleran el estrés en lugar de reducirlo y deben evitarse. Entre los alimentos que aumentan la ansiedad se encuentran los edulcorantes artificiales, los dulces y otros alimentos azucarados, los refrescos carbonatados, las patatas fritas, el chocolate, los huevos, los fritos, la comida basura, los alimentos procesados, la carne roja y otros alimentos.

que contengan conservantes o especias pesadas. En su lugar, ¡come un bol de bayas y un poco de yogur!

Duerme mucho

No te atiborres de trabajo ni trates de pasar la noche en vela. Si creaste un horario de estudio al principio y te has ceñido a él, ¡confía en ti mismo! Si te quedas despierto hasta tarde tratando de incorporar información de última hora, al día siguiente estarás agotado. Además, cualquier información nueva que incorpores desplazará a todas las ideas importantes que has aprendido durante semanas. Recuerda: el día del examen tienes que estar alerta y en plena forma.
Ten confianza en ti mismo.

Todo el mundo experimenta cierta ansiedad al hacer un examen, pero mostrar una actitud positiva destierra la ansiedad y te llena de la certeza de que realmente sabes lo que tienes que saber. Esta es tu oportunidad de demostrar lo bien preparado que estás. ¡A por ello!

Asegúrese de llevar todo lo necesario

Dependiendo del examen, es posible que te permitan llevar contigo un bolígrafo o un lápiz, una calculadora, un diccionario o papel de borrador. Reúnalos junto con su documentación de entrada y su documento de identidad para asegurarse de que dispone de todo lo necesario.

No charlar con los amigos

Comunica a tus amigos con antelación que no se trata de nada personal, ¡pero que vas a ignorarlos en la sala de examen! Busca un asiento alejado de puertas y ventanas, que tenga buena iluminación, y ponte cómodo. Si otros estudiantes están preocupados, su ansiedad podría perjudicarte; por supuesto, no tienes por qué decírselo a tus amigos. Si temes que se ofendan, diles que les estás protegiendo de tu ansiedad.

Errores comunes en los exámenes

Hacer un examen no es muy divertido. Cuando te presentas a un examen y cometes un error estúpido que afecta negativamente a tu nota, es normal que te enfades, sobre todo si se trata de algo que podría haberse evitado fácilmente. ¿Cuáles son los errores más comunes que se cometen en los exámenes?

¡Pon tu nombre en la prueba!

¿Cómo es posible que se te olvide poner tu nombre en un examen? Te sorprendería saber con qué frecuencia ocurre. Muy a menudo, los exámenes sin nombre son desechados de inmediato, lo que se traduce en un suspenso.

Marcar una respuesta de opción múltiple incorrecta

Es importante trabajar a un ritmo constante, pero eso no significa ir deprisa. Asegúrate de que la respuesta que marcas es la que quieres. Si la burbuja que tienes que rellenar o la respuesta que tienes que rodear es la "C", no te distraigas y selecciona la "B" en su lugar.

Responder dos veces a una pregunta

Algunas preguntas de tipo test tienen dos respuestas muy parecidas. Si tienes demasiada prisa, es posible que selecciones las dos. Recuerda que solo una respuesta es correcta, por lo que si eliges más de una, habrás suspendido automáticamente esa pregunta.

Manejar mal una pregunta difícil

Recomendamos saltarse las preguntas difíciles y volver a ellas más tarde, pero ¡cuidado! En primer lugar, asegúrate de que vuelves a la pregunta. Hacer un círculo alrededor de todo el pasaje o colocar un signo de interrogación grande al lado te ayudará a localizarla cuando repases el examen. En segundo lugar, si no tienes cuidado de saltarte la p r e g u n t a , puedes meter la pata hasta el fondo. Imagina que una pregunta es demasiado difícil y decides guardarla para más tarde.

Lees la siguiente pregunta, cuya respuesta conoces, y la rellenas. Continúas hasta el final del examen y vuelves a la pregunta difícil para descubrir que no te la habías saltado. En lugar de eso, has introducido la respuesta de la pregunta siguiente en el lugar reservado para la pregunta más difícil, con lo que te has saltado el resto del examen.

Transferencia incorrecta de una respuesta desde el papel de borrador

Esto puede ocurrir fácilmente si tienes prisa. Comprueba dos veces cualquier respuesta que hayas resuelto en un papel de borrador y asegúrate de que lo que has escrito en el examen coincide exactamente.

Pensar demasiado

Por lo general, el primer pensamiento es el mejor. Si te sientes inseguro, tus dudas pueden llevarte a elegir una respuesta incorrecta cuando tu primer impulso fue el correcto.

Conclusión

¡ENHORABUENA! Has llegado hasta aquí porque te has aplicado con diligencia a practicar para el examen y, sin duda, has mejorado tu puntuación potencial con-¡siderablemente! Aprobar el próximo examen es un gran paso en un camino que a veces puede ser difícil, pero que será mucho más gratificante y satisfactorio. Por eso es tan importante estar preparado.

Estudia, practica y triunfa. Suerte

Vi'it U' en línea

¿Tiene un examen? Te ayudamos.

Guías de estudio completas, preguntas de práctica, tutoriales, consejos de estudio y mucho más:

www.test-preparation.ca

https://www.facebook.com/CompleteTestPreparation/

https://www.youtube.com/user/MrTestPreparation

Recursos en Online

How to Prepare for a Test - The Ultimate Guide

https://www.test-preparation.ca/prepare-test/

Learning Styles - The Complete Guide

https://www.test-preparation.ca/learning-style/

Test Anxiety Secrets!

https://www.test-preparation.ca/test-anxiety/

Time Management on a Test

https://www.test-preparation.ca/time-management/

Flash Cards - The Complete Guide

https://www.test-preparation.ca/flash-cards/

Test Preparation Video Series

https://www.test-preparation.ca/test-video/

How to Memorize - The Complete Guide

https://www.test-preparation.ca/memorize/

Online Library of Student Tips and Strategies

https://www.test-preparation.ca/students-say/